Matemáti

Cuarto grado

Autores
Alicia Ávila
Hugo Balbuena
Pedro Bollás

Diseño gráfico
Michelle Thions
Susana de la Peña

Coordinación editorial
Entorno Tassier, S.A. de C.V.

Ilustración
Jorge Cejudo
Diana Robinson
Berenice Tassier
Gonzalo Tassier

Diseño de portada
Comisión Nacional de los Libros de Texto Gratuitos,
con la colaboración de Luis Almeida

Ilustración de portada
"Presencia núm. III", Fernando García Ponce,
acrílico sobre tela, 1972.
Museo de Arte Moderno, México, D.F.
Reproducción autorizada por el
Instituto Nacional de Bellas Artes y Literatura

Fotografía de portada
Javier Hinojosa

Apoyo institucional
Universidad Pedagógica Nacional

Supervisión técnica y pedagógica
Subsecretaría de Educación Básica y Normal
de la Secretaría de Educación Pública

Matemáticas. Cuarto grado

Primera edición, 1994
Primera edición revisada, 1995
Primera reimpresión, 1996
Segunda reimpresión, 1997
Tercera reimpresión, 1998

ISBN 968-29-6251-X

Impreso en México

Presentación

Matemáticas cuarto grado es un nuevo libro de texto gratuito. Fue elaborado en 1994, en sustitución del que, con pocas modificaciones, se había utilizado durante veinte años.

La renovación de los libros de texto gratuitos es parte del proyecto general de mejoramiento de la calidad de la enseñanza primaria que desarrolla el gobierno de la República. Para cumplir tal propósito es necesario contar con materiales de enseñanza actualizados, que correspondan a las necesidades de aprendizaje de los niños y que incorporen los avances del conocimiento educativo.

Con la renovación de los libros de texto se pone en marcha un proceso de perfeccionamiento continuo de los materiales de estudio para la escuela primaria. Cada vez que la experiencia y la evaluación lo hagan recomendable, los libros del niño y los recursos auxiliares para el maestro serán mejorados, sin necesidad de esperar largo tiempo para realizar reformas generales.

Para que estas tareas tengan éxito es indispensable la opinión de los maestros y de los niños que trabajarán con este libro, así como las sugerencias de madres y padres de familia que comparten con sus hijos las actividades escolares. La Secretaría de Educación Pública necesita sus recomendaciones y críticas. Estas aportaciones serán estudiadas con atención y servirán para que el mejoramiento de los materiales educativos sea una actividad sistemática y permanente.

Indice

Bloque 1

Bloque 2

Bloque 3

Bloque 4

Bloque 5

Material Recortable

1. CAMINO AL MERCADO

Al despertar, Flor piensa: "Hoy es día de mercado, iremos al pueblo". El día de mercado muchas familias bajan por las veredas llevando su mercancía para vender.

1 Observa la ilustración y comenta con tus compañeros cómo es el pueblo donde se pone el mercado.

Anota el nombre de tres lugares que veas en el pueblo:

¿Dónde crees que pondrán el mercado? Coméntalo con tus compañeros, luego anota lo que haya opinado la mayoría:

2 Contesta lo siguiente:

¿Cuántos cerritos se ven en el dibujo del pueblo?

Flor vive en lo más alto de un cerrito. Marca con una cruz la casa de Flor.

Al llegar al kiosco que está en la plaza, su mamá le dijo a Flor:

> La iglesia está hacia el norte, el establo está hacia el sur.

¿Hacia dónde está la tienda?

¿Hacia dónde está la escuela?

Marca norte, sur, este y oeste en la ilustración del pueblo.

3 Utiliza las palabras norte, sur, este y oeste para completar lo que dicen Flor y su mamá:

> Para ir de mi casa al establo, caminamos hacia el _____ por la vereda.

> Cuando llegamos al puente caminamos hacia el _____

Para ir del puente a "Las Palomas", siguiendo la vereda, hay que caminar hacia el oeste y luego hacia el _____

Cuando van de su casa a la plaza, Flor y su mamá caminan hacia el sur por la vereda.

¿Hacia dónde caminarán cuando lleguen al puente?

¿Quiénes tendrán que pasar el puente para llegar a la plaza, las personas que vienen del oeste o las que vienen del este?

4 Describe un trayecto para ir del establo a la casa de Flor:

Describe un trayecto para ir de "Las Palomas" a la tienda:

Compara tus respuestas con las de tus compañeros.

2. EL MERCADO

La mamá de Flor va a comprar jitomate. No sabe
cuál está más barato, pues doña Lupe lo vende
por montón y don Cipriano lo vende por kilo.

1 Discute con tus compañeros lo siguiente: ¿Cómo podrá saber la mamá de Flor dónde está
más barato el jitomate?

La mamá de Flor decidió comprar 2 kilos de jitomate en el puesto de don Cipriano, ¿cuánto
pagará por los 2 kilos?

2 Don Cipriano comenzó a hacer unas tablas con las cantidades que debe cobrar. Ayúdale a
terminarlas.

jitomate

kg	1	2	3	4	5	6	7	8	9	10	11	12	13	14
$	3			12			21							

sandía

kg	1	2	3	4	5	6	7	8	9	10	11	12	13	14
$		12					28					48		

¿Cuánto cuestan 12 kg de jitomate? ¿y 16 kg?

¿Cuánto cuestan 14 kg de sandía? ¿y 20 kg?

¿Cuánto cuestan 11 kg de jitomate más 9 kg de sandía?

3 La mamá de Flor fue al puesto de don Cande y compró estos paquetes:

Lista de precios	
arroz	$ 3 el kg
azúcar	$ 2 el kg
frijol	$ 3 el kg
manteca	$ 6 el kg
queso	$ 8 el kg
café	$ 6 el kg
huevo	$ 4 el kg

¿Cuánto pesan en total los paquetes que compró la mamá de Flor?

¿Cuánto pagó la mamá de Flor a don Cande?

4 Observa las siguientes ilustraciones y luego contesta.

¿Cuánto pesarán 4 bolsas de azúcar?

¿Y 8 bolsas?

¿Y 10 bolsas?

¿Cuánto pesarán 10 cajas de galletas?

¿Y 12 cajas?

¿Y 1 caja?

¿Cuánto pesarán 2 paquetes de café?

¿Y 4 paquetes?

¿Y 6 paquetes?

5 Completa las siguientes tablas:

X7	1	2	4	6	8	12	14	16	19	20
		14	28		56	84		112		

X5	3	6	9	12		17		25	27	30
			45		75		105			

Compara tus respuestas con las de tus compañeros.

3. EL SORTEO

En el pueblo donde vive Flor hubo una fiesta.
Durante la fiesta se organizó un sorteo. Anotaron
los números premiados en un cartel.

Números premiados

2 050	8 139	8 375	52 531	8 211
1 551	5 111	8 793	22 925	4 179
2 816	1 200	8 036	61 396	9 692
9 617	1 996	9 423	3 472	9 768
4 780	2 872	7 075	96 731	7 430

1 Observa los números premiados. Di en voz alta a un compañero cinco números que conozcas, luego enciérralos en un círculo.

2 Estos son algunos de los talonarios donde venían los boletos del sorteo:

Este es un boleto para participar en el sorteo:

Fíjate en el número y el color del boleto.
¿En cuál de los talonarios vendría ese boleto?

Colorea los siguientes boletos del mismo color del talonario en que venían:

7095	7190	4044	7850	4199	4121
7014	4300	4108	4399	7802	7902

3 Rosa, Ramón y Flor participaron en el sorteo.

Yo tenía el dos mil cuatrocientos.

Yo tenía el cuatro mil ciento setenta y nueve.

Yo tenía el número siete mil setenta y cinco.

¿Quiénes ganaron premio?

¿De qué color era el boleto de Flor?

¿De qué color era el boleto de Ramón?

¿Se puede saber de qué color era el boleto de Rosa? Discútelo con tus compañeros y tu maestro.

4 Observa los números premiados y ordena aquí, del menor al mayor, los números de las tres primeras columnas:

Primera columna	Segunda columna	Tercera columna
1 551	1 200	7 075

5 Escoge tres de los números premiados, anótalos y luego escribe su nombre:

Anota > o < según corresponda:

8 089   8 080   8 004   8 070   8 100   7 500   7 496   7 290

Compara tus respuestas con las de tus compañeros.

Recuerda:

3 000 es mayor que 2 000 y se puede escribir así: 3 000 > 2 000

6 100 es menor que 6 150 y se puede escribir así: 6 100 < 6 150

13

4. LA TIENDA DEL PUEBLO

En la tienda del pueblo hay de todo un poco, así,
las personas no tienen que ir tan lejos para comprar
lo que necesitan.

1 Don Rodolfo encargó unos clavos a su sobrino Juan, le dio dinero para comprarlos y una
tira de papel para medirlos.

La tira era de este tamaño:

En la tienda Juan pidió clavos de tres tamaños:
    de una tira
    de media tira
    de una tira más un medio de tira

El dueño de la tienda le mostró
clavos de varios tamaños para
que Juan escogiera.

Marca los clavos que debió escoger Juan.

2 Observa cómo algunos niños encontraron los clavos que debió escoger Juan.

Yo marqué la longitud de la tira
en la orilla de una hoja de papel
y así pude medir los clavos.

Yo construí una tira igual a
la que está dibujada y con
ella medí los clavos.

Yo nada más al tanteo
vi cuáles eran.

Y tú, ¿cómo supiste cuáles clavos debió escoger Juan?
Comenta tu respuesta con otros compañeros y con tu maestro.

3 El dueño de la tienda dice que el clavo dibujado abajo mide $1 + \frac{1}{4}$ tiras. Utiliza el procedimiento de Rosa para encontrar la tira con la que se midió el clavo y táchala.

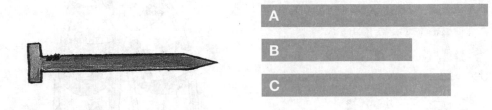

A

B

C

4 Según el dueño de la tienda, la broca mide $1 + \frac{1}{8}$ de largo. ¿Con cuál de las tres tiras se midió?

A

B

C

5 Averigua cuánto miden el clavo, el tornillo y la broca, usando como unidad de medida la tira dibujada.

UNIDAD DE MEDIDA

¿Cuánto mide el clavo?

¿Cuánto mide el tornillo?

¿Cuánto mide la broca?

6 El dibujo de abajo es una tira dividida en partes iguales.

¿En cuántas partes está dividida?

Colorea de rojo $\frac{1}{2}$ de la tira, de azul $\frac{1}{4}$ de la tira, de verde $\frac{1}{8}$ de la tira y de amarillo $\frac{1}{16}$ de la tira.

¿Qué parte de la tira quedó sin colorear?

5. LA RUEDA DE LA FORTUNA

En la fiesta del pueblo muchas personas se suben a la rueda de la fortuna.

1 Observa la ilustración y contesta.

¿Cuántas personas caben en la rueda de la fortuna si cada canastilla es para dos personas?

¿Cuántas personas van en la rueda de la fortuna?

¿Cuántas personas más podrían haber subido?

Flor dijo: ¡Cuando yo me subí a la rueda íbamos 23 personas!

¿Cuántos lugares quedaron vacíos cuando Flor se subió a la rueda de la fortuna?

Resuelve las siguientes operaciones, luego subraya las que correspondan a la pregunta anterior:

$$23 + 32 = \qquad \qquad 23 + \qquad = 32 \qquad \qquad 32 - 23 = $$

2 El dueño de la rueda de la fortuna hizo un registro de las personas que subieron el domingo en la mañana:

Turno	Personas que subieron			Lugares vacíos
	niños	adultos	total	
primero	14	5		
segundo	13	4		
tercero	23	6		

Completa el registro:

Calcula el total de personas que subieron en cada turno.

Calcula el número de lugares que quedaron vacíos en cada turno. Recuerda: caben 32 persona en la rueda de la fortuna.

3   Observa el registro de la página anterior y contesta.

¿Cuántos niños subieron, contando los 3 turnos?

¿Cuántos adultos subieron, contando los 3 turnos?

¿Cuántas personas subieron en total, contando los 3 turnos?

¿Cuántos lugares quedaron vacíos, contando los 3 turnos?

¿Cuánto se cobró en total en el tercer turno?

4   Resuelve los siguientes problemas:

¡Cuando yo me subí al látigo, íbamos 25 personas y quedaron 19 lugares vacíos!

¿Cuántas personas caben en el látigo al que se subió Rosa?

Un señor llevó a vender 240 refrescos, ha vendido 97, ¿cuántos refrescos le quedan?

5   Completa los números que faltan. Fíjate que con los mismos números se hace una suma y una resta.

129 + 100 = 229		229 - 129 = 100
235 + ___ = 335		335 - 235 = ___
304 + ___ = 366		___ - ___ = ___
590 + ___ = 799		___ - ___ = ___
___ + ___ = ___		870 - 405 = ___
640 + ___ = 993		993 - ___ = ___
___ + ___ = ___		1 500 - ___ = ___

Compara tus respuestas con las de tus compañeros.

Practica:

208	29	970	300	790	444
- 134	+ 47	- 906	- 199	+ 408	+ 519
	60				666

17

6. EN PARTES IGUALES SIN DOBLAR

Flor asiste a la escuela del pueblo. El maestro de
su grupo siempre les pone problemas interesantes.

¿Te acuerdas del problema con la tira de cartoncillo?

Sí, la teníamos que dividir en partes iguales.

Pero no se valía doblar la tira.

1 Recorta cinco tiras de cartoncillo de 10 centímetros de largo por 1 centímetro de ancho.

2 Reúnete con tu equipo y traten de dividir una de las tiras en 8 partes iguales, sin doblarla.
Anota el procedimiento que hayas utilizado:

3 Fíjate cómo se pueden usar rectas paralelas, como las de tu cuaderno, para dividir una tira en partes iguales sin doblarla. Observa que al girar la tira, la puedes dividir en más o en menos partes.

Divide una de tus tiras en 8 partes iguales y las demás en el número de partes que quieras.

4 Ahora toma la tira que dividiste en 8 partes iguales. Cada parte es un octavo y se escribe así: $\frac{1}{8}$.

Mide los siguientes segmentos con esta tira y escribe la medida de cada uno.

5 Utiliza como unidad de medida la tira que dividiste en 8 partes iguales; traza tres segmentos con las siguientes medidas: $\frac{3}{8}$, $1+\frac{1}{2}$, $1+\frac{2}{8}$.

6 En un pedazo de hoja blanca, traza un segmento de 5 centímetros.

Usa las rectas rojas para tratar de dividir el segmento en tres partes iguales. Después inténtalo con las rectas azules.

¿Con cuáles pudiste hacerlo?

¿Son paralelas estas rectas?   ¿Son paralelas estas rectas?

¿Qué diferencia hay entre un grupo de rectas y el otro?

Comenta tu respuesta con tus compañeros y tu maestro.

7. ¿SE PUEDE RESPONDER?

El día del mercado, los vendedores de fruta colocan sus puestos alrededor de la plaza.

1 Pon una cruz en la columna que corresponda para indicar si las preguntas se pueden o no responder con la información que hay en la ilustración. Fíjate en el ejemplo.

	SÍ SE PUEDE RESPONDER	NO SE PUEDE RESPONDER
¿Qué fruta vende la señora?	X	
¿Cuánto cuesta un montón de naranjas?		
¿Cuántas naranjas hay en un montón?		
¿A qué hora abrió el puesto el señor?		
¿Cuántas naranjas hay en un costal?		
¿Cuánto se debe pagar por una piña?		
¿Cuántas piñas ha vendido el señor?		
¿Cómo se llama el señor que vende las piñas?		
¿Está más dulce la piña que las naranjas?		

2 Responde las siguientes preguntas. Anota las operaciones en tu cuaderno.

Flor y sus amigos fueron a comprar naranjas. Rosa compró 3 montones, Flor compró 2 montones y Ramón compró 4. Juan pagó $ 6 por los montones que compró. ¿Cuántos montones de naranjas compraron entre los cuatro amigos?

El señor del puesto vendió varios kilos de piña. Le pagaron con $ 50 y dio $ 10 de cambio ¿Cuántos kilos de piña vendió?

3 Inventa dos preguntas que se puedan responder con la información que hay en la ilustración de la página anterior y escríbelas:

Pregunta 1:

Pregunta 2:

4 Anota lo que falta saber para poder contestar las siguientes preguntas:

La mamá de Flor compró piñas. ¿Cuánto debe pagar?

El señor que vende las piñas cobró $ 35. ¿Cuánto debe dar de cambio?

Los señores abrieron el puesto de frutas a las 8. ¿Durante cuántas horas vendieron la fruta?

Compara tus respuestas con las de tus compañeros.

8. ÁGUILA O SOL

Juan llevó a ia escuela un juego parecido al de *Serpientes y escaleras*. Lee las reglas para que puedas jugar con tus compañeros.

Reglas del juego

- Cada jugador lanza una moneda en su turno. Si cae sol, se avanza una casilla, si cae águila se avanzan dos.
- Si la ficha llega a la casilla donde está la escalera, sube a la casilla que se indica, si llega a la casilla donde está el poste se desciende.
- El primero que llegue a la meta gana el juego.

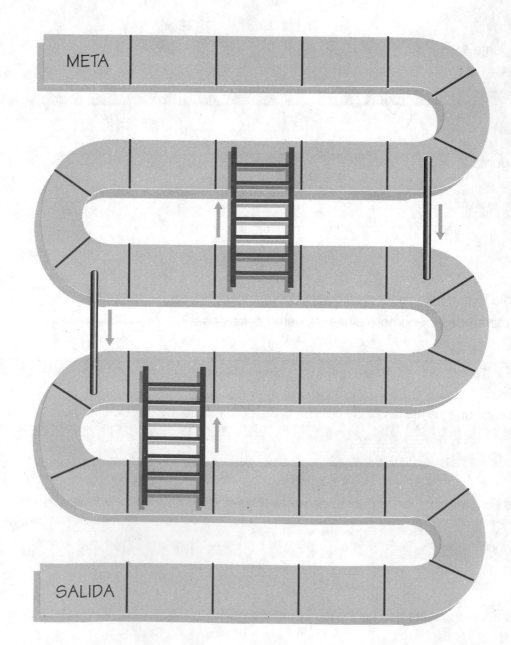

1 Juan y Ramón jugaron. Cada vez que lanzaban la moneda anotaban si caía águila o sol. Después de jugar un rato, habían registrado lo siguiente:

Juan

Águila	Sol
x	
	x
x	
x	
	x
x	

Ramón

Águila	Sol
x	
x	
	x
	x
x	
	x

Observa con cuidado los registros y contesta:

¿Cuántas veces lanzó Juan la moneda?   ¿Cuántas veces le cayó águila ?

¿Cuántas veces le cayó sol ?   ¿Cuántas veces en total han lanzado la moneda los dos niños?   ¿Cuántas veces en total cayó águila?

En el tablero del juego pon una cruz de color rojo en el lugar que va Juan y una de color azul en el lugar que va Ramón. ¿Se puede saber si se avanzará una o dos casillas antes de lanzar la moneda ?
      ¿Por qué?

2 Reúnete con un compañero y lancen 20 veces una moneda. Anoten en la tabla de la derecha la forma en que cae en cada tirada.

Luego contesten las siguientes preguntas.

Lanzamiento	Águila	Sol
1		
2		
3		
4		
5		
6		
7		
8		
9		
10		
11		
12		
13		
14		
15		
16		
17		
18		
19		
20		

¿Cuántas veces cayó águila?

¿Cuántas veces cayó sol?

Si se lanza otra vez la moneda, ¿se puede saber qué va a caer?

Comparen su registro y respuestas con sus compañeros.

9. UN MONTÓN DE LENTEJAS

En la fiesta del pueblo hay muchos concursos.
Rosa, Flor y Juan participan en el siguiente:

¡Termina primero
de contar
10 000 lentejas
llévate un premio!

1 Organízate con tu grupo y cuenta lentejas, como Flor y sus amigos.

• Consigan un vaso y lentejas para cada equipo y un frasco para todo el grupo. Debe haber, al menos, 10 equipos.

• Con tu equipo, cuenta un millar de lentejas. Utilicen el procedimiento que ustedes quieran.

• Compara el procedimiento utilizado por tu equipo para contar las lentejas con el procedimiento de otros equipos.

2 Observa cómo cuentan las lentejas Rosa, Juan y sus amigos:

Primero hay que contar 1 000. Ya llevo 375.

Yo ya conté 300.

Con estas 325 ya son 1 000.

Yo ya conté 40 montones de 10.

Yo ya tengo 30 montones de 10.

Con las que conté ya tenemos 100 montones de 10.

¿Cuántas lentejas han contado las niñas del equipo de Rosa?
¿Y los niños del equipo de Juan?

Comenta con tus compañeros lo siguiente:
¿Qué procedimiento utilizaron las niñas para contar 1 000 lentejas?
¿Qué procedimiento utilizaron los niños?
El procedimiento utilizado en tu equipo, ¿se parece al de los niños, al de las niñas, o es diferente?

3 Flor y sus amigos siguieron contando las lentejas. Observa lo que dicen y contesta.

¡Ya tenemos 10 millares de lentejas!

¡Ya tenemos 10 000 lentejas!

¡Sí, formamos una decena de millar!

¿Es lo mismo 10 000 lentejas que 10 millares de lentejas?

¿Qué quiere decir una decena de millar? Coméntalo con tus compañeros, luego anótalo aquí:

Con las lentejas que contaron entre todos los equipos, pongan en el frasco una decena de millar.

4 Cuenta las lentejas que te quepan en dos puños y ponlas en un vaso.

¿Cuántas lentejas son?

¿Cuántas lentejas cabrán aproximadamente en el vaso?

Anota lo que tú creas:

Busca junto con un compañero un procedimiento para averiguar si tu respuesta es correcta.

¡Debes hacerlo sin contar una por una las lentejas!

Compara tu respuesta y tu procedimiento con los de tus compañeros.

Recuerda:

1 decena de millar = 10 millares = 10 000 unidades

25

10. CUERDAS RESISTENTES

En la tienda del pueblo se venden cuerdas de distinto grosor.

1 ¿Crees que la cuerda dibujada abajo mide más de un metro o menos de un metro?

2 Recorta un pedazo de hilo del tamaño de la cuerda dibujada. Comenta con un compañero cómo puedes hacerlo.

Extiende el hilo y usa tu regla para saber cuánto mide.

¿Cuánto mide el hilo que recortaste?

¿Cuánto mide la cuerda dibujada?

3 En un metro hay 10 decímetros. Marca todos los decímetros que caben en la cuerda dibujada, empezando en el punto rojo.

¿Cuántos decímetros mide la cuerda?

4 Marca los centímetros que hay en un decímetro empezando en el punto rojo.

¿Cuántos centímetros mide la cuerda?

5 Señala sobre la cuerda $\frac{1}{2}$ metro, $\frac{1}{4}$ de metro y $\frac{3}{4}$ de metro.

6 Utiliza el metro que construiste para marcar en el pizarrón o en el piso cinco líneas con las siguientes medidas: $1+\frac{1}{2}$ metros, $\frac{3}{4}$ de metro, $\frac{1}{4}$ de metro, $\frac{10}{8}$ de metro y $1+\frac{3}{4}$ metros.

7 Ordena de menor a mayor las medidas del ejercicio anterior.

$\frac{1}{4}$

8 Anota los nombres de tres compañeros que midan más de $1+\frac{1}{4}$ metros y menos de $1+\frac{1}{2}$ metros.

9 Completa las siguientes expresiones:

$\frac{1}{2}$ metro es igual a		decímetros
1 decímetro es igual a		centímetros
1 metro es igual a		centímetros
$\frac{1}{4}$ de metro es igual a		centímetros
$\frac{1}{2}$ metro es igual a		centímetros
$\frac{3}{4}$ de metro es igual a		centímetros

10 Rosa, Carmen y Flor se hicieron cada quien una falda.

Rosa utilizó $\frac{2}{4}$ de metro.

Carmen 50 centímetros.

Flor $\frac{1}{2}$ metro.

¿Cuál de las tres niñas gastó más tela?

Explica cómo obtuviste la respuesta:

Recuerda:

Un metro es igual a 10 decímetros.	1 m = 10 dm
Un metro es igual a 100 centímetros.	1 m = 100 cm
Un decímetro es igual a 10 centímetros.	1 dm = 10 cm

11. LA HUERTA DE DON FERMÍN

Don Fermín vive en el pueblo y tiene una huerta
con muchos árboles frutales. Durante la cosecha,
corta la fruta y la empaca para llevarla a la ciudad.

1 Para llenar los costales, don Fermín cuenta de cinco en cinco. Cada vez que cuenta 100 mameyes, pone una marca en un mamey tierno que tiene a su lado. ¿Cuántos montones de cinco tiene que contar don Fermín para poner una marca?

¿Cuántos mameyes ha contado don Fermín, según las marcas que hay en el mamey tierno?

2 Don Fermín llenó uno de los costales con 325 mameyes, ¿cuántos montones de 5 mameyes metió en el costal?

3 Don Fermín calcula que cosechó 1 000 mangos. En cada caja piensa meter 150 mangos. Averigua si le alcanzan 6 cajas para empacar todos los mangos.

En la huerta de don Fermín también hay un vivero con distintas plantas frutales.

Observa el dibujo y trata de resolver los problemas que siguen.

4 El lunes, don Fermín vendió 8 plantas de mamey, 15 de aguacate, 24 de mango y 13 naranjos. ¿Cuánto dinero reunió?

5 El martes, don Fermín recibió $ 280 por la venta de plantas de mango. ¿Cuántas plantas vendió?

6 El miércoles, don Fermín obtuvo $ 75 por la venta de varias plantas. ¿Qué plantas pudo haber vendido?

Explica a tus compañeros cómo resolviste los problemas y observa cómo los resolvieron ellos.

7 Inventa un problema que se pueda resolver con la información que hay en el dibujo de esta página. Resuelve el problema y dáselo a un compañero para que también lo resuelva.

Compara tus respuestas con las de tus compañeros.

12. FOTOGRAFÍAS DE LA CIUDAD

Flor tiene una prima que vive en la ciudad. Un día
su prima le envió unas fotografías de su barrio.

1 Estas son las fotografías que envió la prima de Flor; las tomaron desde un helicóptero.
Comenta con tus compañeros lo que observas en ellas.

Fotografías: Michael Calderwood

2 Flor, Rosa y Ramón empezaron a trazar las calles que se ven en la primera fotografía de la página anterior. Utilizaron hojas de distintos tamaños. Traza las calles que faltan.

Dibujo de Rosa

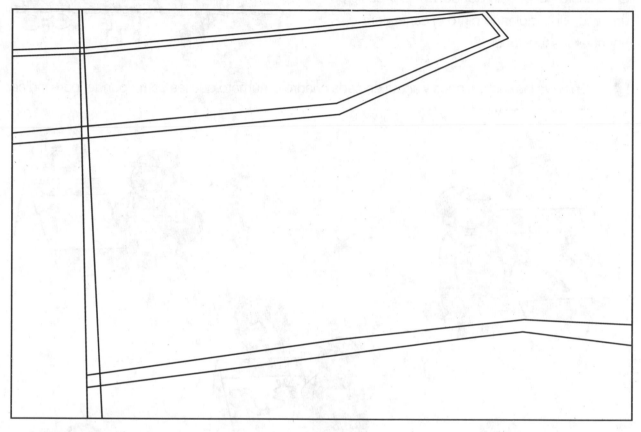

Dibujo de Jaime

Dibujo de Flor

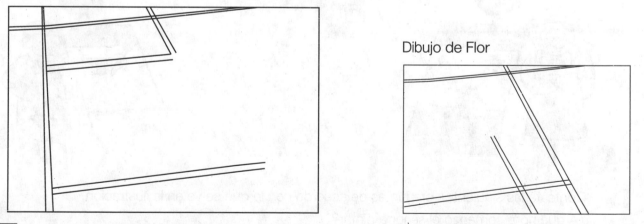

3 En tu cuaderno, traza las calles que se ven en la segunda fotografía de la página anterior. Utiliza tu regla y tu escuadra.

Recuerda:

Los dibujos como los de esta página se llaman planos.

Con los planos podemos representar casas y ciudades.

13. EL CIRCO

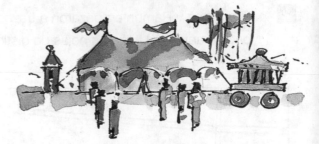

En la fiesta del pueblo donde vive Flor pusieron
un circo. Un empleado pintó el cartel para
anunciar las funciones.

1 Observa las ilustraciones y anota en cada cuadro el número que les corresponde, para indicar
en qué orden van.

★ PRIMERA
FUNCIÓN ★

SÁBADO 1 DE OCTUBRE
14:00 HORAS
DOMINGO 2 DE OCTUBRE
12:00 HORAS

1

2 Contesta las siguientes preguntas de acuerdo con lo que se ve en la ilustración.

¿A qué hora comenzó el señor a pintar?

¿A qué hora terminó de pintar el elefante?

¿A qué hora terminó de pintar la jirafa?

¿Cuánto tiempo se tardó en pintar la jirafa?

¿Cuánto tiempo se tardó en pintar el elefante y la jirafa?

¿Cuánto tiempo se tardó en pintar los tres animales?

¿Cuánto tiempo se tardó en pintar todo el cartel?

3 Flor y Rosa se pusieron de acuerdo para ir al circo el sábado. Lee con atención lo que ocurrió ese día:

Flor salió de su casa a las 11:45 horas y llegó a casa de Rosa a las 12:00 horas. Durante 30 minutos estuvieron platicando. Después, fueron al mercado, llegaron a las 12:45 horas; allí estuvieron 15 minutos, luego se fueron rumbo al circo, tardaron media hora en llegar y esperaron a que comenzara la función.

¿A qué hora salió Flor de su casa?

¿Cuánto tiempo tardó en llegar a casa de Rosa?

¿A qué hora salieron del mercado?

¿Cuánto tiempo esperaron para ver la función?

4 El circo estuvo un mes en el pueblo y hubo funciones los sábados y los domingos. Completa la hoja de calendario del mes de octubre. Después anota en cada cuadro las fechas en que hubo función de circo en el pueblo de Flor.

OCTUBRE

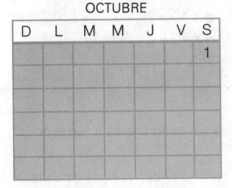

D	L	M	M	J	V	S
						1

Sábado

Domingo

5 Completa la hoja de calendario del mes de noviembre del año actual y anota en los cuadros las fechas de los sábados y de los domingos.

NOVIEMBRE

D	L	M	M	J	V	S

Sábado

Domingo

14. EL VIVERO DE DON FERMÍN

¿Te acuerdas que en el vivero de don Fermín hay diferentes plantas frutales?

| AGUACATES | AGUACATES | MAMEYES | MANGOS |

| NARANJOS | NARANJOS | NARANJOS | GUANÁBANOS |

1 ¿Cuántas plantas hay en total en el vivero? Averígualo utilizando el procedimiento que quieras y anótalo en tu cuaderno.

2 Resuelve las multiplicaciones de la derecha para calcular el número de plantas que hay de cada tipo. Observa el ejemplo:

20 X 10 =	200	aguacates
10 X 10 =		
30 X 10 =		
5 X 10 =		
5 X 10 =		
Total =		

¿Cuántas plantas hay en total en el vivero? _____

3 El vecino de don Fermín dividió su terreno en cuatro parcelas. En cada una va a sembrar árboles diferentes.

Observa el dibujo del terreno que está abajo y anota la multiplicación con la que se puede calcular el total de plantas que va a sembrar el vecino de don Fermín: _____ X _____

Calcula la cantidad de árboles que se van a sembrar en cada parcela.

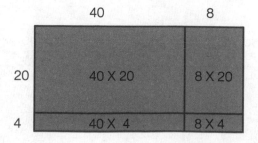

	40	8
20	40 X 20	8 X 20
4	40 X 4	8 X 4

40 X 20 =	
40 X 4 =	
8 X 20 =	
8 X 4 =	
Total =	

¿Cuántas plantas en total va a sembrar el vecino de don Fermín? _____

4 Resuelve las multiplicaciones que se indican para encontrar el resultado de 56 X 24

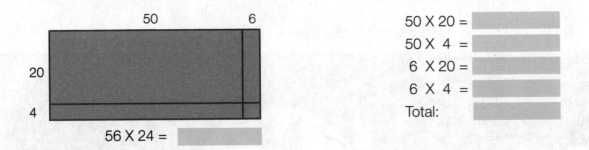

50
6

20

4

56 X 24 =

50 X 20 =
50 X 4 =
6 X 20 =
6 X 4 =
Total:

5 Divide el rectángulo en cuatro partes como tú quieras y luego realiza los cálculos necesarios para encontrar el resultado de 73 X 38

73 X 38 =

X   =
X   =
X   =
X   =
Total:

6 Termina de resolver las siguientes multiplicaciones:

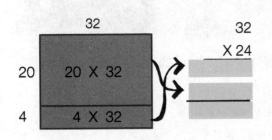

32

20   20 X 32

4   4 X 32

32
X 24

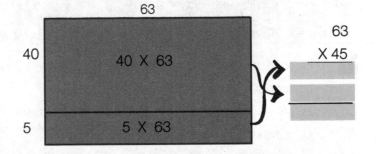

63

40   40 X 63

5   5 X 63

63
X 45

Compara tus resultados con los de tus compañeros.

Practica:

55	60	72	86
X 20	X 47	X 59	X 48

15. ARTESANÍAS

Cuando Flor y su mamá van al mercado, pasan por un puesto de artesanías.

1 Busca los ejes de simetría de las figuras de la ilustración y trázalos. ¡Cuidado!, porque no todas las figuras son simétricas.

¿Cuál es la figura que tiene más ejes de simetría?

¿Cuántos ejes tiene esa figura?

¿Qué habría que hacer al dibujo de la iglesia y al dibujo de los peces para que tuvieran un eje de simetría? Coméntalo con tus compañeros.

Verifica tus respuestas doblando las figuras
del material recortable 1. También
puedes utilizar un espejo, como se ve en el dibujo:

2 Termina los siguientes dibujos, de manera que tengan dos ejes de simetría.

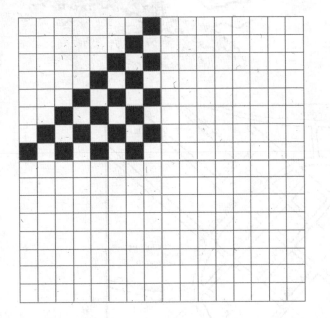
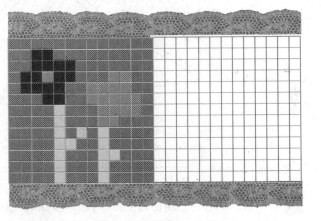

3 Dibuja un venado y unas flores para que cada bordado tenga un eje de simetría.

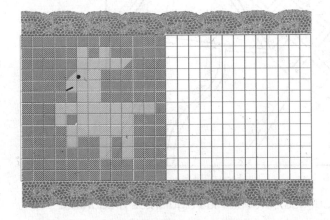

Compara tu trabajo con el de tus compañeros.

Recuerda:

Esta figura tiene un eje de simetría.

Esta figura no tiene ejes de simetría.

Esta figura tiene 3 ejes de simetría.

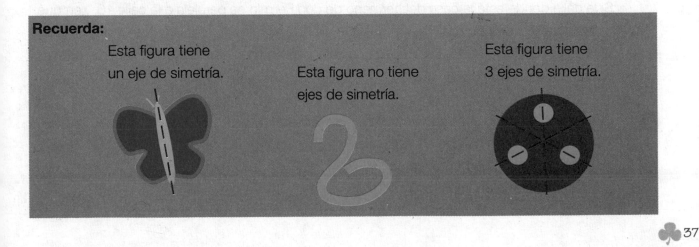

16. LAS CALLES DE LA CIUDAD

Don Fermín tiene un hermano que vive en la ciudad de Campeche. La primera vez que fue a visitarlo usó un plano para no perderse.

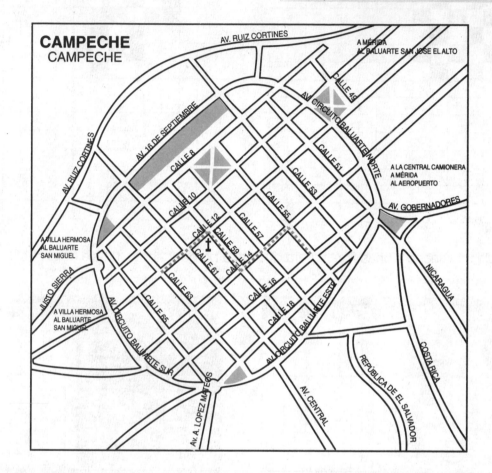

1 Observa el plano de esta página para que puedas contestar las siguientes preguntas:

¿De qué ciudad es el plano?

¿En qué calles se localiza la catedral?

Si la calle donde está la casa del hermano de don Fermín es paralela a la calle 10, ¿en qué calles puede estar ubicada?

Si la casa de Mónica está ubicada en una calle perpendicular a la calle 14, ¿en qué calles puede estar su casa?

2 Fíjate en el recorrido señalado con una línea punteada.

¿Cuáles calles del recorrido son paralelas?

¿Cuáles calles son perpendiculares?

¿Cuántas cuadras abarca el recorrido?

¿Cuántas veces se da vuelta a la derecha o a la izquierda al hacer el recorrido?

3 En el dibujo puedes ver cómo se usa una escuadra para dibujar una calle que sea perpendicular a otra. Traza las calles que se cruzan con la calle 12 y anota sus nombres.

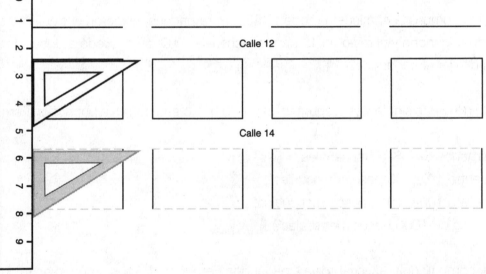

4 Fíjate cómo puedes utilizar una regla y una escuadra para trazar dos calles que sean paralelas. Traza la calle 16 y anota su nombre.

Calle 12

Calle 14

5 Este es un dibujo más simple del plano.
Colorea de verde dos calles que no sean paralelas ni perpendiculares entre sí.

6 Colorea con rojo dos calles paralelas y con azul dos calles perpendiculares.

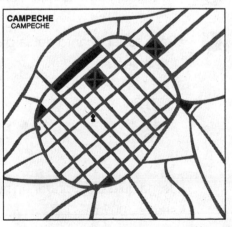

CAMPECHE
CAMPECHE

17. LA CAMIONETA DE DON FERMÍN

Después de varios años de acarrear la fruta en burros, don Fermín se animó a comprar una camioneta.

Fue a la cíudad y visitó un lugar donde venden autos usados.

Mod. 1986	Mod. 1978	Mod. 1982	Mod. 1984
$ 15 000	$ 7 200	$ 9 800	$ 12 000

1 Don Fermín compró la camioneta modelo 1982. Para pagarla, le dieron el siguiente crédito:

$ 500 de enganche y el resto en 12 pagos mensuales. ¿Cuánto quedó a deber don Fermín después de dar el enganche?

2 Anota sí o no en las siguientes preguntas, según lo que creas que va a pagar don Fermín cada mes.

¿Pagará menos de $ 10 mensuales?

¿Pagará entre 10 y 100 pesos mensuales?

¿Pagará entre 100 y 1000 pesos mensuales?

¿Pagará más de 1000 pesos mensuales?

3 Averigua, como tú quieras, cuánto va a pagar don Fermín cada mes. Anótalo en tu cuaderno.

4 Para saber cuánto debía pagar don Fermín mensualmente, sus sobrinos empezaron a hacer lo siguiente:

Paco

```
  500        1 000
 +500       +1 000
 1 000
```

Jorge

```
   600
  X 12
 1 200
   600
 7 200
```

René

```
        7
 12 / 9 300
    -8 4
     0 9
```

Jorge quiere encontrar un número que multiplicado por 12 dé 9 300. El 600 no es. ¿Crees que sea el 700?   Ayúdale a Jorge a encontrar el número que busca.

5 Como las llantas de la camioneta ya estaban muy gastadas, don Fermín decidió comprar 4 llantas nuevas.

¡Las mejores llantas $425 cada una!

¡Oferta! Llévese las 4 llantas por sólo $1 596.

¿Cuáles llantas salen más baratas, las que anuncia el señor de la gorrita o las que están en oferta?

Don Fermín compró las llantas que están en oferta. ¿Cuánto le costó cada llanta?

6 Al regresar de la ciudad, don Fermín iba muy contento con su camioneta. Observó las agujas en el tablero y cómo cambiaban los números del cuenta-kilómetros.

Al salir de la ciudad el cuenta-kilómetros marcaba así: | 0 | 0 | 7 | 4 | 5 | 6 | 0 |

Al llegar al pueblo marcaba así: | 0 | 0 | 7 | 4 | 9 | 8 | 5 |

¿Cuántos kilómetros recorrió don Fermín desde la ciudad hasta el pueblo?

7 Don Fermín también observó el movimiento de la aguja que indica cuánta gasolina hay en el tanque.

Al salir de la ciudad la aguja marcaba así:

Después de tres horas marcaba así, y llenó el tanque otra vez:

Al llegar al pueblo, marcaba así:

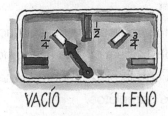

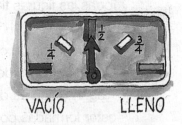

¿Gastó más de un tanque de gasolina o menos de un tanque?

¿Cuánta gasolina gastó desde la cuidad hasta el pueblo?

Compara tus resultados con los de otros compañeros.

18. HILAZA PARA EL CONTORNO

Esta es la tarea que les dejaron a Rosa y a Flor:

Tarea
Cortar 6 tiras de hilaza de 12 cm
cada una y ver si quedan exactamente
alrededor de las siguientes figuras
(Utilizar pegamento)

Ayuda a Rosa y a Flor en su tarea.

1 Corta 6 trozos de hilaza de 12 centímetros cada uno.
Pégalos en el contorno de las siguientes figuras.

¿Cuánto mide el contorno de cada figura?

¿Cuántos centímetros cuadrados caben en cada una de las figuras? Cuéntalos y anótalo al interior de cada una.

¿Todas las figuras tienen el mismo numero de centímetros cuadrados?

2 Haz pareja con un compañero y realicen la siguiente actividad:

• Corten 6 trozos de hilaza de 14 centímetros cada uno y consigan pegamento.

• Hagan 6 figuras diferentes con la hilaza, sobre el material recortable 2. Las figuras deben estar formadas por cuadros completos.

• Cuando terminen, comparen sus figuras con las de otras parejas.

• Anoten en cada figura la medida del contorno y el número de centímetros cuadrados que caben. ¿Qué observan? Coméntenlo con sus compañeros y su maestro.

3   Dibuja las figuras del ejercicio anterior que más te hayan gustado:

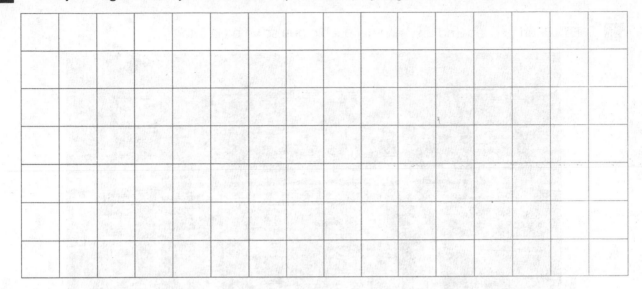

4   Utiliza una tira de hilaza de 20 centímetros y el otro lado de la hoja cuadriculada recortable.

Juega con tu compañero como lo hacen Rosa y Flor:

Cada vez, verifiquen si aumenta o disminuye el número de centímetros cuadrados de la figura.

Recuerda:

Hay figuras que tienen igual perímetro y diferente área.

19. LECCIÓN DE REPASO

1 Dibuja en tu cuaderno un plano del pueblo que se ve en la foto.

Fotografía : Michael Calderwood

2 En una huerta hay 3 856 árboles de naranja, 907 de mamey, 75 de guanábana y 5 038 de mango. Algunos árboles ya están en producción y otros no.

Completa la siguiente tabla.

Tipos de árboles	En producción	No producen	Total
naranjos	2 368		3 856
mameyes		326	
guanábanos	46		
mangos		2 345	

¿Cuántos árboles frutales hay en la huerta?

Por cada árbol de mamey, hay 15 plantas de café en la huerta. ¿Cuántas plantas de café hay en la huerta?

3 Escribe en tu cuaderno los 10 números que van antes de cada uno de los que se ven en los siguientes boletos:

7 800	8 900	9 100	10 000

4 El primer boleto de estos talonarios es de color rosa. Cada 25 números hay un boleto rosa.
Escribe en los espacios azules los números de los boletos que son de color rosa.

5 Construye una unidad de medida como la que está dibujada y úsala para medir cada segmento.

UNIDAD DE MEDIDA

6 Con la misma unidad de medida del problema anterior, dibuja tres segmentos que tengan las siguientes medidas:

$1+ \dfrac{3}{4}$, $\dfrac{7}{8}$, $\dfrac{5}{4}$

7 Don Fermín tiene 354 naranjas. Quiere venderlas en bolsas con 36 naranjas cada una. ¿Cuántas bolsas necesita?   ¿Cuántas naranjas sobran?

20. JUEGOS Y ACTIVIDADES

Lee con cuidado las reglas de este juego y reúnete
en equipo para realizarlo.

- Uno de los jugadores dice en voz
  alta un número de cinco cifras que
  tenga por lo menos un cero.

- Los demás jugadores ponen piedritas
  sobre las columnas de la derecha
  para representar ese número.
  En el ejemplo está representado el
  número 20 524.

- Entre todos ven quiénes aciertan
  y quiénes no. Los jugadores
  que aciertan, se anotan un punto.

- En el siguiente turno le toca a
  otro jugador decir el número.

- El juego se termina cuando a cada
  jugador le haya tocado decir el
  número cinco veces. Gana quien
  obtenga más puntos.

El siguiente dibujo es un cuadrado mágico. Se llama así porque al sumar tres números en
línea horizontal, vertical o diagonal, siempre se obtiene el mismo resultado.
¿Cuál es el resultado que se obtiene en este cuadrado?

8	1	6
3	5	7
4	9	2

Completa los siguientes cuadrados mágicos para obtener el resultado que se indica abajo
de cada uno.

18

21

24

27

1. EL DÍA DE LA ONU

Para festejar el día de la ONU se realizó un festival en la escuela. Al grupo de Jaime le tocó hacer banderas de algunos países.

Puerto Rico	Tailandia	México	Uganda
Indonesia	España	Costa Rica	Chile
Kuwait	Paquistán	Nicaragua	Jordania
Colombia	Panamá	Suecia	Congo

Todas las banderas aparecen sin escudo porque no las han terminado.

Comenta con tus compañeros y tu maestro lo que es el escudo de una bandera.

1 Los niños compraron varios pliegos de papel blanco, trazaron una bandera en cada pliego y después las colorearon.

¿Cuántos colores diferentes utilizaron?

¿Cuáles banderas están divididas en partes del mismo tamaño?

¿Cuáles están divididas en tres partes iguales?

2 Sonia dice que todas las banderas divididas en tres partes, están divididas en tercios.

¿Estás de acuerdo con lo que dice Sonia? Comenta tu respuesta con tus compañeros y tu maestro.

¿Es cierto que la bandera de Chile está dividida en tercios?

¿Por qué?

3 Completa la siguiente tabla.

País	mitades	tercios	cuartos	quintos	sextos
	Todas sus partes son:				
Puerto Rico	no	no	no	no	no
Tailandia					
México					
Uganda					
Indonesia					
España					
Costa Rica					
Chile					
Kuwait					
Paquistán					
Nicaragua					
Jordania					
Colombia					
Panamá					
Suecia					
Congo					

4 ¿Es cierto que la parte blanca en la bandera de Paquistán es $\frac{1}{4}$?

¿Por qué?

¿Qué fracción de la bandera de Chile está coloreada de rojo?

¿Qué fracción de la misma bandera tiene color blanco?

¿Y qué fracción tiene color azul?

5 Observa las banderas de la página anterior y escribe:

el nombre de un país que tiene una bandera con franjas horizontales

el nombre de un país que tiene una bandera con franjas verticales

el nombre de un país que tiene una bandera con dos franjas perpendiculares

el nombre de un país que tiene una bandera con una franja inclinada

Recuerda:

Para que una parte sea $\frac{1}{4}$ es necesario que la unidad esté dividida en cuatro partes iguales, o bien, que la parte quepa exactamente cuatro veces en la unidad.

Por ejemplo, en la bandera de Paquistán, la parte blanca es $\frac{1}{4}$.

2. CUADROS Y NÚMEROS

Jaime

Raúl y Jaime están haciendo de tarea
unos cuadros como éstos:

Raúl

Jaime:

		10 002	10 003		10 005			10 008	
		10 012				10 016			10 019
				10 024	10 025	10 026			10 029
			10 033				10 037		
				10 044					
					10 055				10 059

Raúl:

10 000	10 100		10 300		10 500			10 800	
11 000									
	12 100				12 500			12 800	
13 000									13 900
14 000								14 800	
	15 100								

1 Escribe los números que faltan en el cuadro de Raúl.

Subraya cinco de los números que escribiste y dilos en voz alta a un compañero. Después, que él te diga otros cinco números.

2 Raúl dijo: "Si en mi cuadro quisiera escribir el 10 420, lo pondría entre el 10 400 y el 10 500".

Busca entre cuáles números del mismo cuadro pondrías los siguientes números.

10 400	10 420	10 500		12 090	
	14 304			13 499	
	10 005			14 900	

3 Completa el cuadro de Jaime, luego haz lo siguiente:

Lee a tu compañero todos los números terminados en 7; después él te dirá los terminados en 9.

Escribe cuatro números que estén en el cuadro de Jaime y que sean menores que 10 052.

50 ♣

4 Observa el cuadro de Jaime y contesta:

¿En cuántos números el 0 ocupa la columna de las unidades de millar?

¿Qué lugar ocupa la cifra que cambia en los números del renglón amarillo?

¿Qué columna ocupa la cifra que cambia en los números de la columna roja?

Escribe sobre el espacio azul cinco números mayores que los que aparecen en el cuadro de Raúl:

Escribe sobre el espacio azul cinco números mayores que los que aparecen en el cuadro de Jaime:

5 Completa el siguiente cuadro:

Número que va antes	Número	Número que va después
12 134	12 135	12 136
	10 099	
	17 000	
	18 100	
	19 999	

6 Haz dos preguntas sobre los números de los cuadros y pide a tu compañero que las conteste. Tú contesta las preguntas que él haga. Fíjate en este ejemplo: ¿Cuáles son los tres números menores que 10 300 que hay en el cuadro de Raúl?

7 Une con una línea el número y la expresión correspondiente.

10 000 + 5 000 + 300 + 20 + 9   13 259

10 000 + 3 000 + 200 + 50 + 9   19 523

10 000 + 500 + 9 000 + 20 + 3   15 329

8 Completa las series.

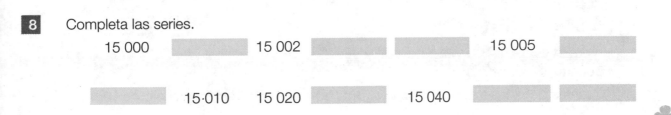

15 000 _____ 15 002 _____ 15 005 _____

_____ 15·010 15 020 _____ 15 040 _____ _____

3. LA ONU

En un libro que se llama *¡Que lo cante, que lo baile!*, Sonia, Jaime y Raúl encontraron la siguiente información.

> *El día 24 de octubre es el aniversario de la creación de la Organización de las Naciones Unidas (ONU). En 1945, después de terminada la Segunda Guerra Mundial, varios países creyeron necesario resolver los problemas mundiales en forma pacífica. Para ello, los interesados formaron un organismo internacional: la ONU. Desde entonces, México es parte de dicha organización.*

1 De acuerdo con el texto, contesta las siguientes preguntas:

¿En qué fecha es el aniversario de la ONU?

¿En qué año se creó la ONU?

¿Cuántos años transcurrieron desde el 24 de octubre de 1945 hasta el 24 de octubre de 1955?

2 Observa lo que dicen Sonia, Jaime y Raúl.

Del 24 de octubre de 1945 al 24 de octubre de 1955, transcurrieron 10 años.

Entonces transcurrió una década, porque 10 años es igual a una década.

Pero también se puede decir que transcurrieron 2 lustros, porque un lustro es igual a 5 años.

Comenta con un compañero las respuestas a las siguientes preguntas:

Del 13 de agosto de 1950 al 13 de agosto de 1980, ¿cuántos años transcurrieron?

¿Cuántos lustros?

¿Cuántas décadas?

Del 1° de enero de 1960 al 1° de enero de 1985, ¿cuántos años transcurrieron?

¿Cuántas décadas?

¿Cuántas décadas transcurrieron del 15 de enero de 1954 al 15 de enero de 1994?

3 En el libro *¡Que lo cante, que lo baile!*, Sonia y sus amigos también encontraron algunas fechas importantes. Lee con atención y luego contesta.

20 de noviembre de 1910   Inicio de la Revolución Mexicana
24 de octubre de 1945   Creación de la ONU
10 de abril de 1919   Muerte de Emiliano Zapata
18 de marzo de 1938   Expropiación petrolera en México

¿Qué ocurrió primero, la creación de la ONU o la expropiación petrolera en México?

¿Cuántas décadas transcurrieron desde el inicio de la Revolución Mexicana hasta el 20 noviembre de 1993 ?

4 Con los datos del calendario de arriba, completa la siguiente ilustración:

Inicio de la Revolución Mexicana

1910

5 Escribe en la tabla cinco acontecimientos: uno que haya pasado hace una semana y otros que hayan pasado hace un mes, un año, un lustro y una década.

Acontecimientos	
1 semana	
1 mes	
1 año	
1 lustro	
1 década	

4. DIBUJOS Y MEDIDAS

Sonia y sus compañeros hicieron banderas para
la fiesta de las Naciones Unidas.

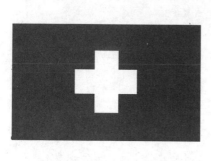

1 Utiliza la regla del material recortable 3.

Observa la regla. Las rayas grandes indican centímetros, las rayas pequeñas indican milímetros.

¿Cuántos centímetros mide la regla?

¿Cuántos milímetros caben en un centímetro?

¿Cuántos milímetros caben en toda la regla?

Mide con tu regla y contesta:

¿Cuánto miden de largo las banderas?

¿Cuánto miden de ancho?

2 Reproduce en el espacio de abajo los dibujos de las banderas, de manera que queden
exactamente iguales a las de Sonia. Comenta con tu compañero el procedimiento para hacerlo.

Si tus banderas no quedaron igual a las de Sonia, inténtalo de nuevo otro día.

3 Sonia hizo con estambre el contorno de los escudos de algunas banderas. Marca con una cruz el escudo en el que creas que utilizó más estambre.

Averigua si tu respuesta es correcta, midiendo los escudos con la regla.

4 Reproduce en la cuadrícula el escudo de la izquierda.
Debe tener las mismas medidas que en el dibujo de arriba.

5 Une con rectas de color naranja los puntos que estén a 25 milímetros de distancia uno del otro.
Une con rectas amarillas todos los puntos que estén a 30 milímetros de distancia uno del otro.

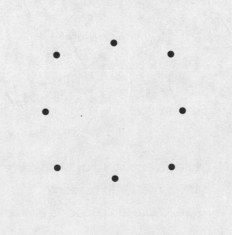

6 Observa tu regla y contesta:
¿Cuántos milímetros hay en tres centímetros?
¿Cuántos milímetros hay en diez centímetros?   ¿Y en 15?

5. PAÍSES, DEPORTES Y MEDALLAS

Frecuentemente, los países se organizan para realizar competencias deportivas, como por ejemplo los Juegos Centroamericanos. El cuadro indica las medallas que ganaron los países participantes en los Juegos Centroamericanos y del Caribe realizados en noviembre de 1993.

Países	oro	plata	bronce	total
Cuba	227		58	361
México	65		72	243
Venezuela	23	53	78	
Puerto Rico	22	54	73	
Colombia	22		34	99
Rep. Dominicana		19	24	49
Costa Rica	5	7	14	26
Guatemala		9	34	46
Trinidad y Tobago	3	7	6	16
Surinam	2	0	1	3
Honduras	1	1	0	2
Nicaragua		0	5	6
Bahamas		0	4	5
Antillas Holandesas	1	0	4	5
Islas Vírgenes	1	0	3	4
Aruba	1	0	0	1
El Salvador	0	2	9	11
Panamá	0	2	2	4
Bermudas	0	2	1	3
Jamaica	0	1	10	11
Guyana	0	1	7	8
Haití	0	1	2	3
Islas Caimán	0	1	2	3
Barbados	0	0	4	4
Antigua	0	0	2	2
Totales	384	385	449	1 218

1 Observa el cuadro de medallas y escribe en tu cuaderno las operaciones que necesites para contestar lo siguiente:

Anota sobre los espacios azules la cantidad de medallas que ganó Venezuela.

Oro: ⬜️   Plata: ⬜️   Bronce: ⬜️   Total: ⬜️

¿Cuántas medallas ganó en total Puerto Rico? ⬜️

¿Cuántas medallas menos ganó Jamaica que Cuba? ⬜️

¿Cuántas medallas más ganó México que Colombia? ⬜️

¿Cuántas medallas de oro ganó la República Dominicana?

¿Cuántas medallas de oro ganó Guatemala?

¿Qué país ganó más medallas de oro, Nicaragua o Bahamas?

¿Qué país ganó más medallas de plata, México o Cuba?

2 La maestra de Yoatzin les pidió que calcularan las medallas de plata que ganó México.

> Yo sumé:
> 65 + 72 + 243 = 380

> Yo resté:
> 243 - 72 = 171

> Yo hice una suma y luego una resta:
> 65 + 72 = 137
> 243 - 137 = 106

¿Quién obtuvo la respuesta correcta?

3 Anota aquí las operaciones que sirven para calcular las medallas de plata ganadas por Colombia:

4 Inventa dos problemas que puedan resolverse con la información del cuadro de medallas y escríbelos aquí:

Problema 1:

Problema 2:

Pide a un compañero que resuelva los problemas que inventaste; tú resuelve los que él inventó.

6. TABLEROS Y NÚMEROS

Yoatzin y Sonia están representando números con fichas.

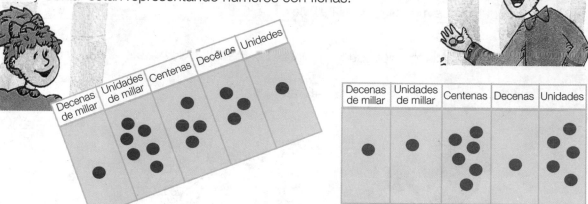

1   Yoatzin representó el número 16 431; observa su tablero y contesta:

¿Cuántas unidades representan juntas las fichas que hay en la columna de las decenas?

¿Cuántas unidades representa la ficha que hay en la columna de las decenas de millar?

2   ¿Qué número representó Sonia en su tablero?

¿Cuántas unidades representan juntas las fichas que puso en la columna de las centenas?

¿Cuántas unidades representan juntas las fichas que puso en la columna de las unidades de millar?

3   Escribe sobre el espacio azul el número representado en cada tablero.

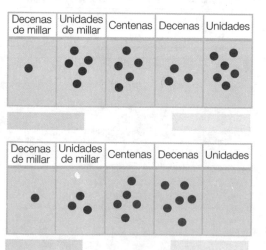

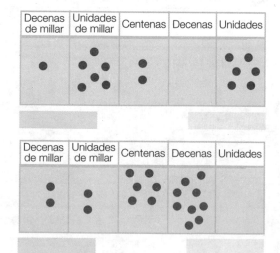

Escribe sobre los espacios amarillos el número que se formará en cada tablero si agregas 4 fichas en las unidades.

4 Dibuja en cada tablero las fichas que se necesitan para representar el número escrito.

Decenas de millar	Unidades de millar	Centenas	Decenas	Unidades

13 601

Decenas de millar	Unidades de millar	Centenas	Decenas	Unidades

17 523

Decenas de millar	Unidades de millar	Centenas	Decenas	Unidades

18 074

Decenas de millar	Unidades de millar	Centenas	Decenas	Unidades

14 500

5 Escribe sobre los espacios azules el número que se formaría en cada uno de los tableros de arriba si agregas 9 fichas en las decenas.

6 En el tablero está representado el número 17 900

Si alguien pone otra ficha en las centenas ¿qué número se forma?

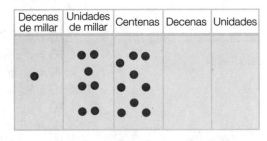

¿Qué número está representado en el tablero de abajo?

Si alguien pone otra ficha en las unidades ¿qué número formará? Discútelo con tus compañeros.

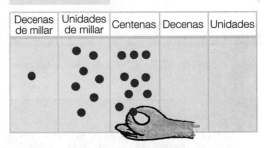

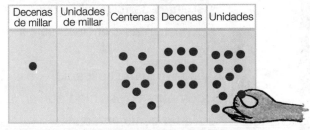

7 Dibuja en tu cuaderno o en un pedazo de cartoncillo un tablero como los de esta lección. Utilízalo para representar números con fichas.

7. MOSAICOS DE COLORES

Los niños de Puebla son conocidos por los mosaicos que forman cuando hay eventos importantes.

1 En un festival, los niños de Puebla formaron la bandera de la ONU.
Cada rectangulito del dibujo representa una cartulina, y debajo de cada cartulina hay un niño sosteniéndola.

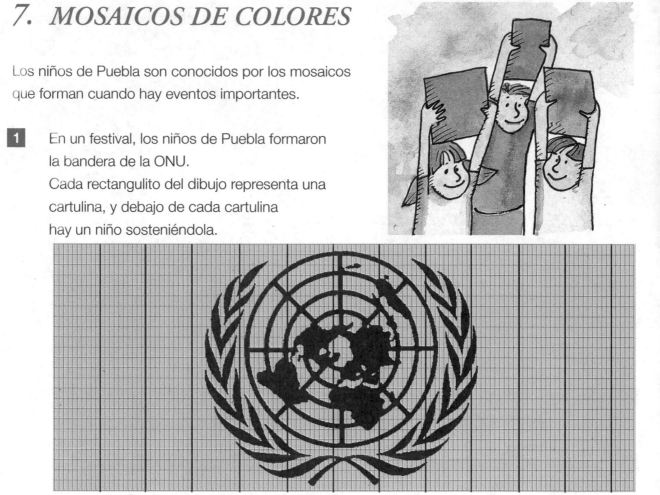

Utiliza el procedimiento que quieras para calcular el número de cartulinas que forman la bandera.

2 Para encontrar el total de cartulinas que forman la bandera, Jaime hizo lo siguiente. Calcula los resultados que faltan:

	100	20	5
10	100 X 10	20 X 10	5 X 10
10	100 X 10	20 X 10	5 X 10
4	100 X 4	20 X 4	5 X 4

100 X 10 =	1 000
100 X 10 =	
100 X 4 =	
20 X 10 =	200
20 X 10 =	
20 X 4 =	
5 X 10 =	50
5 X 10 =	
5 X 4 =	
Total =	

¿Cuántas cartulinas hay a lo largo de la bandera? _____

¿Cuántas cartulinas hay a lo ancho? _____

¿Con cuántas cartulinas está formada la bandera de la ONU? _____

Resuelve la multiplicación de la derecha y compara el resultado con el que anotaste en la pregunta anterior.

$$125 \times 24$$

3 Para calcular la cantidad de niños que participaron en otro mosaico, Raúl hizo lo siguiente. Calcula los resultados que faltan.

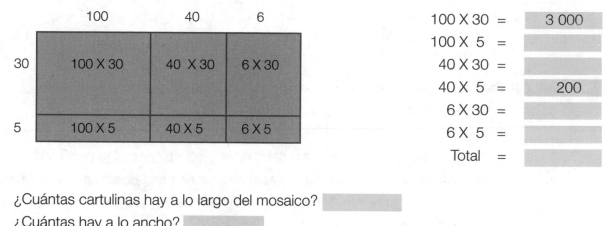

	100	40	6
30	100 X 30	40 X 30	6 X 30
5	100 X 5	40 X 5	6 X 5

100 X 30 = 3 000
100 X 5 =
40 X 30 =
40 X 5 = 200
6 X 30 =
6 X 5 =
Total =

¿Cuántas cartulinas hay a lo largo del mosaico?
¿Cuántas hay a lo ancho?
¿Cuántas cartulinas hay en total?
Resuelve la multiplicación de la derecha
y compara el resultado con el que obtuviste
en la pregunta anterior.

146
X35
_____

4 Observa el siguiente dibujo y haz las multiplicaciones para calcular el resultado de 253 X 46.

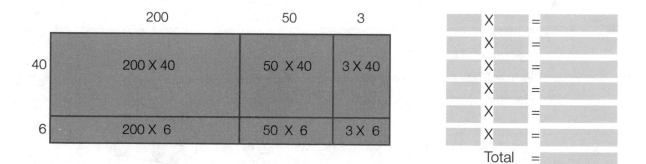

	200	50	3
40	200 X 40	50 X 40	3 X 40
6	200 X 6	50 X 6	3 X 6

☐ X ☐ = ☐
☐ X ☐ = ☐
☐ X ☐ = ☐
☐ X ☐ = ☐
☐ X ☐ = ☐
☐ X ☐ = ☐
Total =

5 Durante un festival, se formó un mosaico de 235 niños a lo largo por 25 niños a lo ancho. Divide el rectángulo de abajo como tú quieras y calcula el total de niños que participaron en el mosaico. Luego compara el resultado haciendo la multiplicación.

235
X25
_____

☐ X ☐ = ☐
☐ X ☐ = ☐
☐ X ☐ = ☐
☐ X ☐ = ☐
☐ X ☐ = ☐
☐ X ☐ = ☐
Total =

8. ENTRE 10 Y 100

Sonia y sus amigos se divierten mucho cuando
realizan juegos de cálculo mental.

1 Reúnete con tu equipo y utilicen el material recortable 4 para realizar el siguiente juego. Sólo
necesitan las tarjetas de un compañero para todo el equipo.

- Coloquen las tarjetas sobre la mesa, sin encimarlas y con la operación hacia arriba.
- Por turnos, cada quien señala una tarjeta y sin escribir ninguna operación trata de adivinar
  entre cuáles números está el resultado de la división señalada. Para eso debe decirse alguna
  de las siguientes frases:

El resultado es
mayor que 1 000.

El resultado está
entre 10 y 100.

El resultado está
entre 100 y 1 000.

El resultado es
menor que 10.

- En seguida, el jugador voltea la tarjeta para
  ver si acertó. Si el jugador acierta, se queda
  con la tarjeta, si no, la devuelve.
  Por ejemplo, Jaime señala y dice:

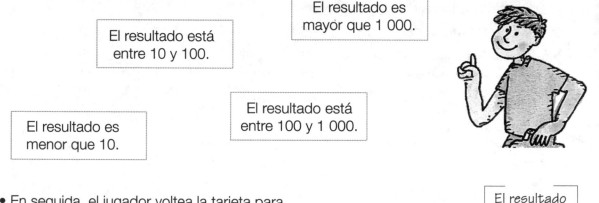

El resultado
está entre
100 y 1 000.

- El juego continúa hasta que se acaban las tarjetas.
- Gana el jugador que se queda con más tarjetas.

2 Observa la tarjeta que señaló Sonia y lee lo que dijo.
Anota sobre el espacio azul si se quedará con la tarjeta o la devolverá.

El resultado es
menor que 10.

3 Después de jugar varias rondas, pueden hacer
el mismo juego con la siguiente modificación:
en vez de adivinar entre qué números está
el resultado, deben adivinar cuantas cifras tiene.
Cuando terminen de jugar, guarden sus tarjetas para utilizarlas en otras ocasiones.

4 Observa los siguientes dibujos, para resolver los problemas que vienen después. Sólo tienes que tachar la respuesta correcta.

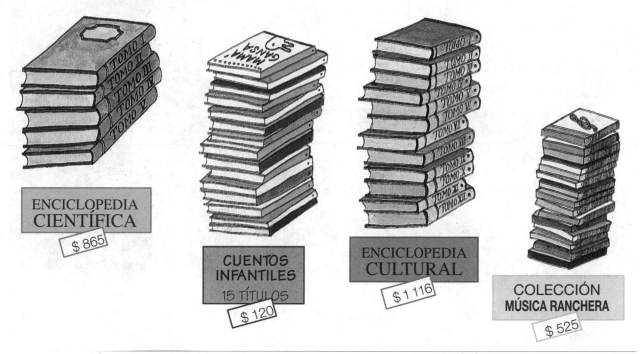

ENCICLOPEDIA **CIENTÍFICA** $ 865

CUENTOS INFANTILES 15 TÍTULOS $ 120

ENCICLOPEDIA **CULTURAL** $ 1 116

COLECCIÓN **MÚSICA RANCHERA** $ 525

• Un tomo de la enciclopedia científica cuesta:

Menos de $ 10	Entre $ 10 y $ 100
Entre $ 100 y $ 1 000	Más de $ 1 000

• Un tomo de la enciclopedia cultural cuesta:

Entre $ 10 y $ 30	Entre $ 30 y $ 60
Entre $ 60 y $ 80	Entre $ 80 y $ 100

• Un cuento infantil cuesta:

Menos de $ 10	Entre $ 10 y $ 20
Entre $ 20 y $ 30	Entre $ 30 y $ 40

• Un disco compacto cuesta:

Menos de $ 10	Entre $ 10 y $ 20
Entre $ 20 y $ 30	Entre $ 30 y $ 40

5 Calcula los siguientes precios, como tú quieras, para que compruebes si las respuestas anteriores son correctas.

Precio de un tomo de la enciclopedia científica

Precio de un tomo de la enciclopedia cultural

Precio de un cuento infantil

Precio de un disco compacto

9. TARJETAS DE PAPEL

La maestra de Jaime usa tarjetas de papel de distintos tamaños. Las más grandes son para enviar recados, las medianas para anotar problemas y las más chicas para hacer sorteos.

1 La maestra partió tres hojas, una para tarjetas grandes, otra para tarjetas medianas y otra para tarjetas chicas.

¿Cuántas tarjetas grandes obtuvo?

¿Cuántas tarjetas medianas?

¿Cuántas tarjetas chicas?

Utiliza tres hojas y recorta tarjetas de los tres tamaños para comprobar tus respuestas.

2 El dibujo de la derecha representa una hoja entera.
Divide la hoja para que puedas colorear una tarjeta grande, una mediana y una chica.

¿Cuántas tarjetas medianas se obtienen si se parte una tarjeta grande?

¿Cuántas tarjetas chicas se obtienen si se parte una mediana?

¿Cuántas tarjetas chicas se obtienen si se parte una grande?

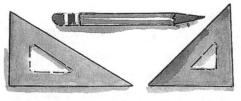

3 Completa las siguientes expresiones. Si necesitas, usa una hoja.

La tarjeta grande es $\frac{1}{4}$ de la hoja.

La tarjeta mediana es   de la hoja.

La tarjeta chica es   de la hoja.

Un cuarto de la hoja es igual a   octavos de la hoja.

Un octavo de la hoja es igual a   dieciseisavos de la hoja.

4 La maestra formó equipos de dos niños, de cuatro niños y de ocho niños. Después entregó algunas hojas a cada equipo para que se las repartieran en partes iguales.

Equipo 1

Equipo 2

Equipo 3

Equipo 4

Equipo 5

Divide los rectángulos para indicar lo que le toca a cada niño en su equipo.

¿Cuántas hojas tiene el equipo 2?

¿Entre cuántos niños se repartieron?

¿Cuánto le tocó a cada niño?

Completa los datos que faltan en la siguiente tabla.

Equipo	Hojas	Niños	A cada niño le tocó
1			
2			
3			
4			
5	3	2	$1+\frac{1}{2}$ hoja

10. EL PESO DE UN PESO

Raúl tiene una colección de monedas; un día,
llevó a la escuela monedas de distintos países.

La moneda de
20 centavos
que se usa en México,
pesa 5 clips.

1 Construye una balanza para que puedas averiguar el peso de algunas monedas de México.
Necesitas el siguiente material:

• un pedazo de alambre grueso o una varita bien derecha de 12 centímetros de largo
• pegamento
• un metro de hilo

Usa el material recortable 5 y sigue estas recomendaciones:

Primera:

Dobla los modelos sobre
las líneas punteadas.
Las partes oscuras
son para pegar.

Segunda:

Pega los modelos y con una
aguja o un alfiler haz un
hoyito en cada punto.

Tercera:

Recorta nueve pedazos
de hilo de 10 centímetros
cada uno y arma la balanza
como se ve en el dibujo.

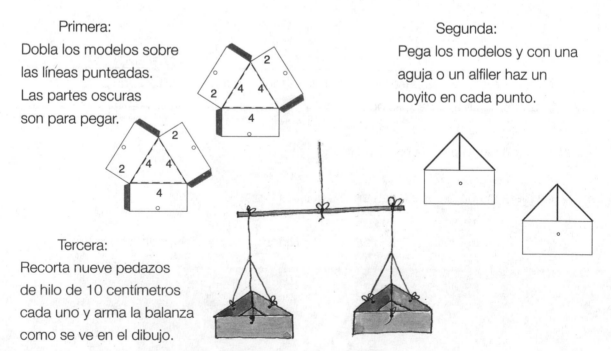

Antes de pesar cualquier objeto, asegúrate que la balanza esté en equilibrio.

2 Utiliza la balanza y algunos clips del mismo tamaño para comprobar lo que dice Yoatzin al principio de esta lección. ¿Tenía razón Yoatzin?

3 Emplea clips, clavitos o algunos otros objetos iguales para encontrar el peso de cada moneda. Anota los pesos en la tabla.

Moneda	Peso
5 centavos	
10 centavos	
20 centavos	
50 centavos	
1 peso	

4 Forma dos bolitas de plastilina y utiliza tu balanza para lograr que pesen lo mismo.

5 Lee lo que dicen los niños:

Yo averigüé que una moneda de 20 centavos pesa 4 clavitos.

Entonces, tu unidad de medida es un clavito.

Yo fui a la tienda de don Pancho y vi que una moneda de 20 centavos pesa 5 gramos.

Entonces, tu unidad de medida es un gramo.

Yo averigüé que una moneda de 50 centavos pesa 7 clips.

Entonces, tu unidad de medida es un clip.

Laura utilizó pasadores para saber el peso de la moneda de un peso. La moneda pesó 6 pasadores. ¿Cuál fue su unidad de medida?

De acuerdo con lo que dice Sonia, ¿cuántas monedas de 20 centavos pesarían 100 gramos?   ¿Cuántas pesarían 1 kilogramo?

Compara tus respuestas con las de otros compañeros.

Recuerda:

El gramo es una unidad que sirve para medir el peso de los objetos. Un gramo se representa así: 1 g; 1 000 gramos es el mismo peso que 1 kilogramo.

11. EL RECORRIDO

Cuando resolvieron la lección que se llama
"La camioneta de don Fermín", algunos niños no
sabían qué era un kilómetro.

Yo sé que con
los kilómetros se
miden distancias.

Un kilómetro
es como de aquí
a la iglesia.

Yo todos los días
camino un kilómetro
para venir a la escuela.

Yo he visto
esa palabra
en señales
de carretera.

1 Comenta con tu grupo y tu maestro hacia dónde pueden hacer un recorrido de un kilómetro.
Hagan el recorrido caminando y vean cuántos minutos se tardan.

¿Cómo se llama el lugar a donde llegaron?

¿Cuánto tiempo tardaron para llegar a ese lugar?

Si no pudieron hacer el recorrido, piensen qué lugar está más o menos a un kilómetro de su
escuela y cuánto tiempo se tardarían en llegar a él.

2 Con ayuda de su maestro hagan un mapa en el pizarrón siguiendo estas recomendaciones:

- Dibujen la escuela en el centro del pizarrón y anoten los puntos cardinales.
- Dibujen el lugar al que llegaron en el recorrido.
- Ubiquen las casas de 6 compañeros, tomando en cuenta los puntos cardinales.
- Anoten las distancias aproximadas que hay de la escuela a cada casa.
- Cuando terminen de hacer el mapa en el pizarrón, cópienlo en el espacio de abajo.

```
                              norte

oeste                                                este

                               sur
```

¿Cuántos kilómetros crees que puedes caminar en una hora?

3 Observa el mapa de las autopistas que salen de la ciudad de México:

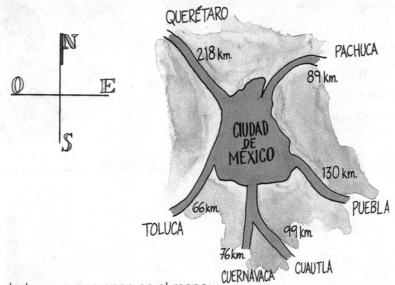

De las ciudades que aparecen en el mapa:

¿Cuál es la más cercana a la ciudad de México viajando por autopista?

¿Cuál es la más alejada?

¿Cuáles ciudades están a más de 100 kilómetros de la ciudad de México?

4 En las autopistas, los autobuses recorren más o menos 80 kilómetros en una hora.

¿Cuáles ciudades están a menos de una hora de la ciudad de México viajando en autobús?

¿Cuáles están a más de una hora?

¿Cuáles están a más de dos horas?

5 Observa el mapa que muestra algunas rutas de aviones que salen de la ciudad de México.

Los aviones recorren más o menos ¡800 kilómetros en una hora!

¿Cuáles ciudades están a menos de una hora de México viajando en avión?

¿Cuáles están a más de una hora?

¿Cuáles están a más de dos horas?

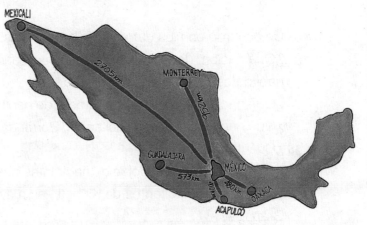

12. NACIONES POCO POBLADAS

Jaime llevó a la escuela un folleto de la ONU; ahí venía el número de habitantes de algunas naciones. Como el folleto estaba un poco viejo, se le borraron algunos datos.

1 Observa la tabla y la gráfica; ayúdale a Jaime a completarlas.

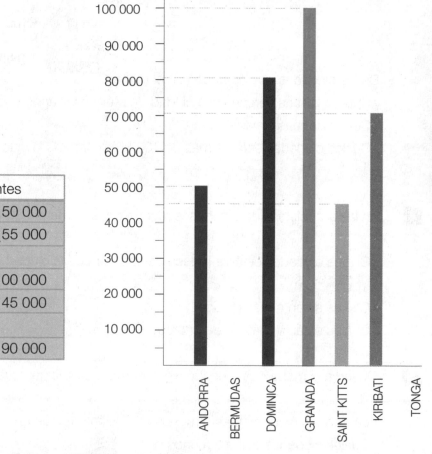

Número de habitantes		
Andorra	(Europa)	50 000
Bermudas	(América)	55 000
Dominica	(América)	
Granada	(América)	100 000
Saint Kitts	(América)	45 000
Kiribati	(Oceanía)	
Tonga	(Oceanía)	90 000

De acuerdo con los datos del folleto, contesta las siguientes preguntas:

¿Qué nación, de las que aparecen en el cuadro y en la gráfica, tiene el mayor número de habitantes?

¿Qué nación tiene el menor número de habitantes?

¿Qué nación tiene más habitantes, Bermudas o Dominica?

¿Cuántos más ?

¿Qué nación tiene el doble de habitantes que Andorra?

El número de habitantes de Kiribati ¿es mayor o es menor que el número de habitantes de Granada?

2 Con los datos del folleto, Jaime comenzó a hacer una gráfica con muñequitos. Observa que los muñequitos grandes representan 10 000 habitantes y los chicos representan 5 000 habitantes. Ayúdale a Jaime a terminar la gráfica.

Andorra	▲▲▲▲▲ ▲ 10 000
Bermudas	▲▲▲▲▲▲ ▲ 5 000
Dominica	
Granada	
Saint Kitts	
Kiribati	
Tonga	

3 En el espacio de abajo haz otra gráfica pero sólo con muñequitos que representen 5 000 habitantes.

Andorra	▲ 5 000
Bermudas	
Dominica	
Granada	
Saint Kitts	
Kiribati	
Tonga	

4 Contesta las siguientes preguntas:

¿Cuántos muñequitos utilizaste para representar los habitantes de Granada en la gráfica del ejercicio 2? _____ ¿Y en el ejercicio 3? _____

¿Cuántos muñequitos necesitarías para representar los habitantes de Granada si cada muñequito representara 20 000 habitantes? _____

Compara tus gráficas y respuestas con las de tus compañeros.

13. CUADRITOS Y CONTORNOS

Cuando Yoatzin terminó su tarea, dijo:

Sonia le contestó:

¡Hay figuras verdes que tienen la misma área!

¡También hay figuras azules que tienen la misma área!

1 Utiliza el centímetro cuadrado como unidad y encuentra las figuras que tienen la misma área. Si necesitas, termina de cuadricular las figuras.

1 cm²

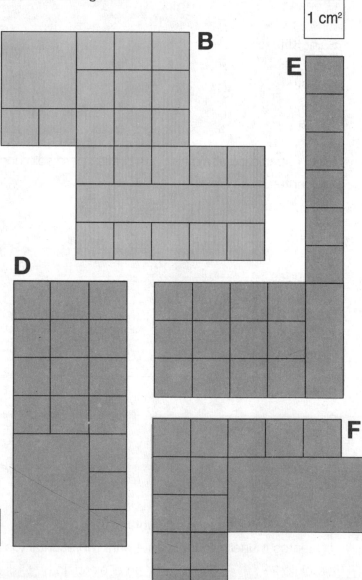

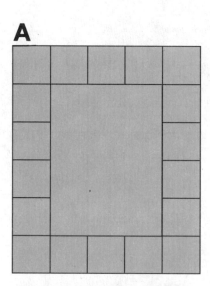

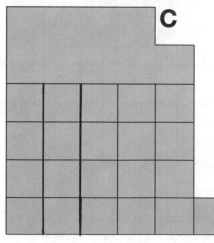

¿Cuáles figuras verdes tienen igual área?

¿Cuáles figuras azules tienen igual área?

2 Mide el contorno de las figuras A, B y C de la página anterior. Utiliza el centímetro como unidad.

Anota las medidas de cada figura:

Figura A

Área: _____ cm²

Perímetro: _____ cm

Figura B

Área: _____ cm²

Perímetro: _____ cm

Figura C

Área: _____ cm²

Perímetro: _____ cm

Observa las medidas y contesta:

¿El área de las tres figuras es igual? _____

¿La forma de las tres figuras es igual? _____

¿El perímetro de las tres figuras es igual? _____

3 Mide el contorno de las figuras D, E y F y anota las medidas:

Figura D

Área: _____ cm²

Perímetro: _____ cm

Figura E

Área: _____ cm²

Perímetro: _____ cm

Figura F

Área: _____ cm²

Perímetro: _____ cm

¿El área de las tres figuras es igual? _____

¿La forma de la tres figuras es igual? _____

¿El perímetro de las tres figuras es igual? _____

¿Qué observas? Coméntalo con tus compañeros y tu maestro.

4 Dibuja cuatro figuras que tengan 8 cm² de área, pero que tengan diferente forma y diferente perímetro.

Compara tu trabajo con el de tus compañeros.

14. CASAS DE DIFERENTES PAÍSES

Para el festival de la ONU, Sonia y Raúl van a hacer
casas de diferentes países con sólidos de madera.

1. Comenta con tus compañeros las formas que ves en las casas de los diferentes países.

2. Anota en cada sólido el número de la casa que le corresponde. Algunos sólidos pueden tener más de un número.

3. Trabaja en equipo. Utilicen masa, plastilina o barro y hagan los sólidos de la ilustración.

4. Los compañeros de Raúl escribieron unos mensajes solicitando unos sólidos a los niños de otro salón. Une cada sólido con el mensaje que le corresponde:

Quiero que me prestes un sólido que tiene 6 caras en forma de cuadrado. Laura	Yo quiero un sólido que tiene 4 caras en forma de rectángulo y 2 caras en forma de cuadrado. María	Por favor préstame un sólido con dos caras en forma de círculo y una cara curva. Ema

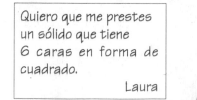

5 Haz unos mensajes para pedir estos sólidos a un compañero:

Comenta tus mensajes con tus compañeros y tu maestro.

6 Utiliza los dibujos de los sólidos que aparecen en el material recortable 6 y pégalos en el espacio que corresponde.

SÓLIDOS

Tienen sólo caras curvas.	Tienen caras planas y caras curvas.	Tienen sólo caras planas.

Compara tus respuestas con las de tus compañeros.

Recuerda:
Los sólidos que tienen únicamente caras planas se llaman poliedros.
Los poliedros tienen caras planas, vértices y aristas.

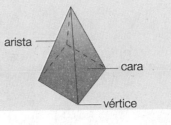

15. LOS COLORES DEL DADO

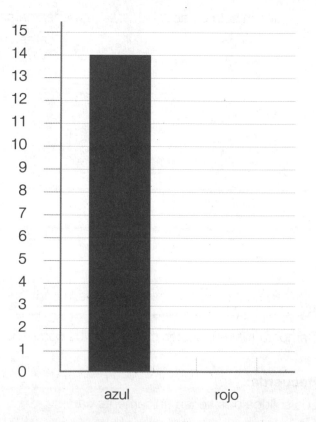

1 Yoatzin y Sonia hicieron un experimento con un dado.

Marcaron las caras del dado como se indica abajo:

• De color azul las caras que tienen 1, 2, 3 y 4 puntos.

• De color rojo las caras que tienen 5 y 6 puntos.

Antes de lanzar el dado, tratan de adivinar el color que va a salir.

¿A qué color le apostarías tú para ganar?

2 Yoatzin y Sonia lanzaron varias veces el dado, anotaban con una rayita el color que iba saliendo. Observa cómo registraron los datos.

	Conteo	Totales
azul	IIIIIIIIIIIIII	14
rojo	IIIIII	6

¿Cuántas veces salió el color azul?

¿Cuántas veces salió el color rojo?

¿Cuántas veces se lanzó el dado?

3 Con los datos de la tabla, Yoatzin y Sonia comenzaron una gráfica, ayúdales a terminarla.

15
14
13
12
11
10
9
8
7
6
5
4
3
2
1
0

azul   rojo

Si se lanza 30 veces el dado ¿qué crees que se repetirá más veces, el color azul o el rojo?

¿Por qué?

4 Para verificar si tu respuesta anterior es correcta, pinta un dado como lo hicieron Yoatzin y Sonia, lánzalo 30 veces y registra cuántas veces se repite cada color.

	Conteo	Totales
azul		
rojo		

¿Fue correcta tu respuesta a la pregunta anterior?

Averigua si a tus compañeros les salió más veces el mismo color que a ti.

5 Yoatzin y Sonia hicieron otro experimento, sólo que ahora el dado que utilizaron no estaba coloreado.

Lanzaron 20 veces el dado. Si salían los números 2, 4 ó 6 anotaban una rayita donde dice par. Si caían los números 1, 3 ó 5 anotaban una rayita donde dice non. Luego comenzaron a hacer una gráfica. Observa cómo registraron los datos y termina la gráfica.

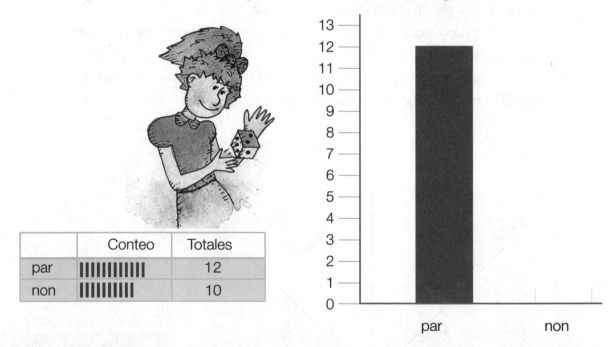

	Conteo	Totales
par	IIIIIIIIIIII	12
non	IIIIIIIIII	10

Escribe una pregunta que se pueda responder con los datos del cuadro y de la gráfica y dásela a un compañero para que la conteste.

6 Si se lanza 30 veces un dado, ¿qué crees que se repetirán más veces, los nones o los pares?

Para comprobar si tu respuesta es correcta lanza 30 veces el dado y registra los datos como lo hicieron Yoatzin y Sonia.

Compara tus resultados con los de tus compañeros.

16. LA VUELTA AL MUNDO

Durante el recreo, Raúl y sus amigos realizan diversos juegos, algunas veces en el patio y otras en el salón.

1 Reúnete con tu equipo y realicen este juego que se llama "La vuelta al mundo". Necesitan un dado para todo el equipo y un objeto pequeño para cada jugador. Las reglas del juego son las siguientes:

- Todos los jugadores colocan su objeto sobre la línea de salida que hay en el dibujo.
- El jugador que inicia el juego lanza el dado y gira en el sentido que indica la flecha, de acuerdo con la tabla de la derecha. Por ejemplo, si en la primera tirada el dado marca 3, el jugador gira $\frac{3}{8}$ de vuelta y llega a Pukapuka.
- A partir de la segunda tirada, cada jugador avanza desde donde está su objeto. Por ejemplo, si está en Birdum y el dado marca 4, el jugador gira $\frac{1}{2}$ vuelta y llega a Sao Luis.
- Cada vez que un jugador llega a Accra o pasa por Accra se anota una vuelta.
- Gana el primer jugador que complete 5 vueltas.

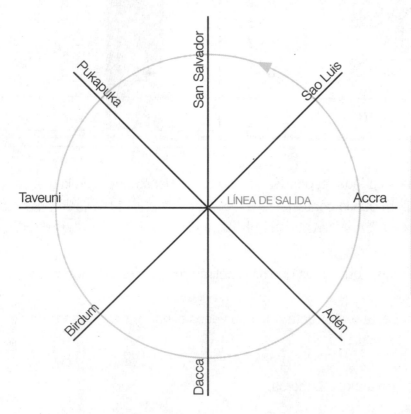

Puntos	Giros
•	$\frac{1}{8}$ de vuelta
••	$\frac{1}{4}$ de vuelta
•••	$\frac{3}{8}$ de vuelta
••••	$\frac{1}{2}$ de vuelta
•••••	$\frac{5}{8}$ de vuelta
••••••	$\frac{3}{4}$ de vuelta

2 Observa el dibujo de la página anterior para que puedas contestar las siguientes preguntas:

En la primera tirada que hizo Raúl el dado marcó un punto, ¿cuánto giró?

¿A qué ciudad llegó?

En la segunda tirada Raúl giró $\frac{1}{4}$ de vuelta, ¿cuántos puntos marcó el dado?

Raúl estaba en Pukapuka, lanzó el dado y llegó a Dacca, ¿cuánto giró?

Si Raúl está en Dacca, ¿cuánto le falta para completar una vuelta?

Compara tus respuestas con las de otros compañeros.

3 En los siguientes dibujos aparece la línea de salida y la línea de llegada. Anota sobre la línea de llegada la ciudad que corresponde.

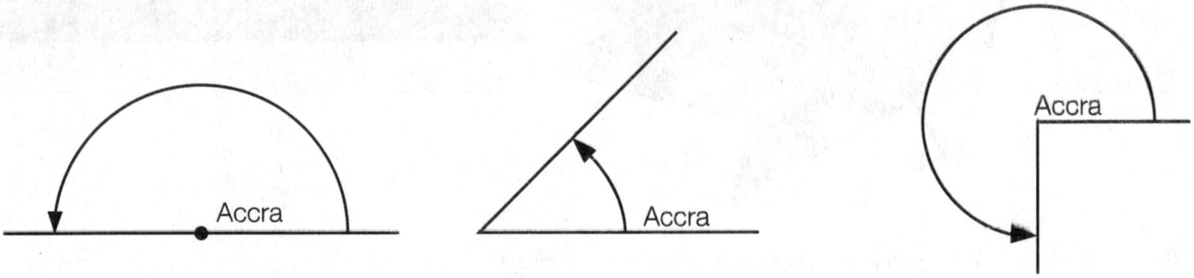

4 En los siguientes dibujos anota cuánto se giró para ir de Accra a la ciudad de llegada.

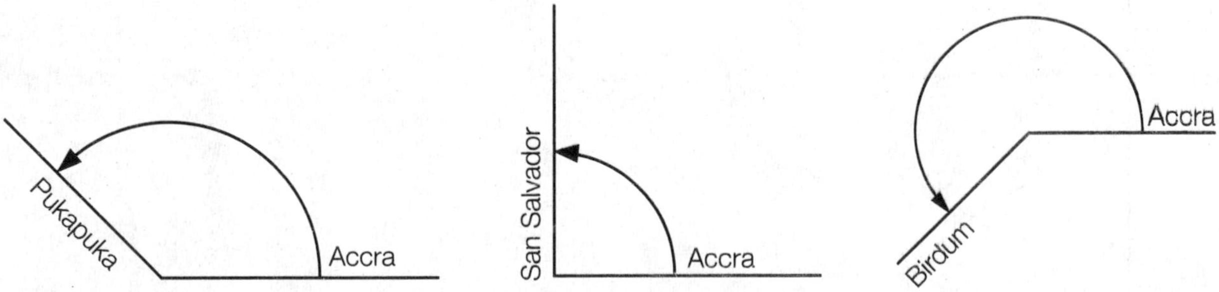

5 Utiliza el material recortable 7 para dibujar las líneas de llegada que corresponden a los siguientes giros. Si puedes, reproduce este material recortable en papel transparente o plástico.

$\frac{1}{4}$ de vuelta $\frac{3}{8}$ de vuelta $\frac{3}{4}$ de vuelta

Accra Accra Accra

17. DIBUJOS Y PERPENDICULARES

Sonia y Yoatzin hicieron unos dibujos como los siguientes:

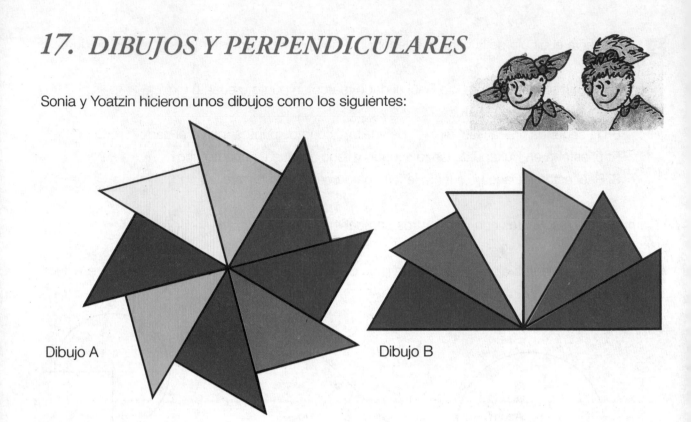

Dibujo A   Dibujo B

1 ·Reproduce los dibujos de Sonia y Yoatzin. Utiliza regla, escuadra u otros instrumentos que tú creas necesarios.

Compara tus dibujos con los de Sonia y Yoatzin. Si no quedaron iguales, intenta hacerlos nuevamente otro día.

Comenta con tus compañeros el procedimiento que utilizaste para hacerlos.

2 Une los mensajes con el triángulo que les corresponde:

Es un triángulo que tiene dos lados perpendiculares.
Sus tres lados tienen diferente medida.

Es un triángulo que tiene dos lados perpendiculares.
Dos de sus lados tienen la misma medida.

¿Cuál de los triángulos de arriba es igual a los del dibujo A?

¿Cuál triángulo de los de abajo es igual a los del dibujo B?

3 Colorea de amarillo las figuras que tienen lados paralelos, pero que no tienen lados perpendiculares.
Colorea de rojo las figuras que tienen lados paralelos, pero también tienen lados perpendiculares. Utiliza tu escuadra para identificar las figuras.

Recuerda:

Estas son líneas perpendiculares

Estas son líneas paralelas.

 81

18. GALLETAS REDONDAS

Raúl, Sonia y Yoatzin juegan a los repartos. Cada quien dibuja un reparto y tratan de adivinar en cuál le tocará más galleta a cada niño.

1   Observa los dibujos. Cada dibujo muestra un reparto de galletas entre niños. Luego trata de contestar las preguntas.

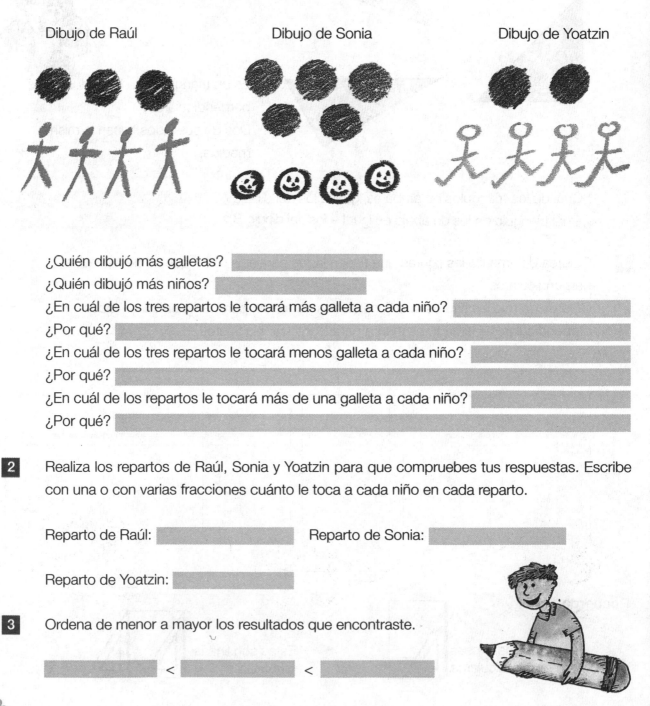

Dibujo de Raúl   Dibujo de Sonia   Dibujo de Yoatzin

¿Quién dibujó más galletas?

¿Quién dibujó más niños?

¿En cuál de los tres repartos le tocará más galleta a cada niño?

¿Por qué?

¿En cuál de los tres repartos le tocará menos galleta a cada niño?

¿Por qué?

¿En cuál de los repartos le tocará más de una galleta a cada niño?

¿Por qué?

2   Realiza los repartos de Raúl, Sonia y Yoatzin para que compruebes tus respuestas. Escribe con una o con varias fracciones cuánto le toca a cada niño en cada reparto.

Reparto de Raúl: Reparto de Sonia:

Reparto de Yoatzin:

3   Ordena de menor a mayor los resultados que encontraste.

               <   <

4 En otra ronda, Raúl, Sonia y Yoatzin hicieron estos dibujos.

Dibujo de Raúl   Dibujo de Sonia   Dibujo de Yoatzin

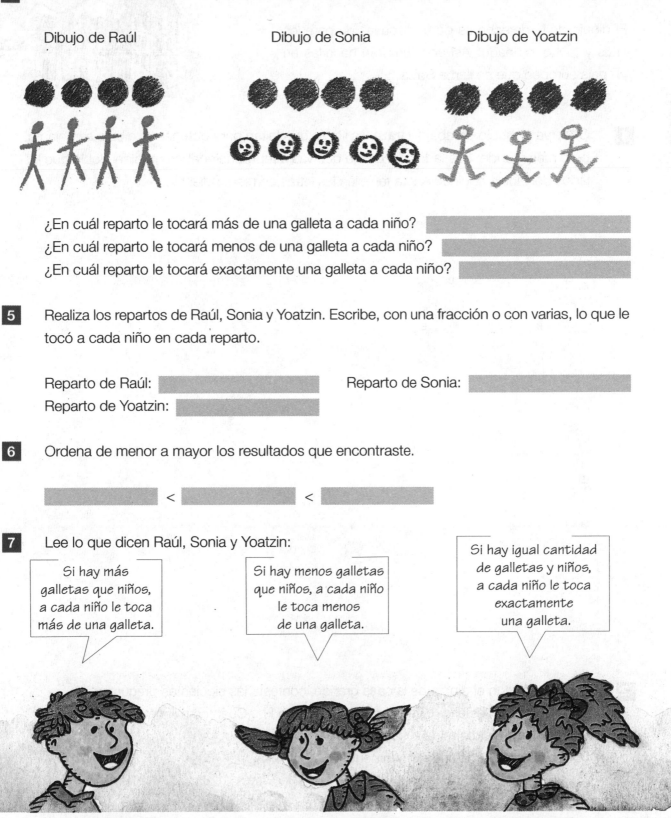

¿En cuál reparto le tocará más de una galleta a cada niño?

¿En cuál reparto le tocará menos de una galleta a cada niño?

¿En cuál reparto le tocará exactamente una galleta a cada niño?

5 Realiza los repartos de Raúl, Sonia y Yoatzin. Escribe, con una fracción o con varias, lo que le tocó a cada niño en cada reparto.

Reparto de Raúl: Reparto de Sonia:

Reparto de Yoatzin:

6 Ordena de menor a mayor los resultados que encontraste.

         <   <

7 Lee lo que dicen Raúl, Sonia y Yoatzin:

Si hay más galletas que niños, a cada niño le toca más de una galleta.

Si hay menos galletas que niños, a cada niño le toca menos de una galleta.

Si hay igual cantidad de galletas y niños, a cada niño le toca exactamente una galleta.

Dibuja en tu cuaderno tres repartos: uno que corresponda a lo que dice Raúl, otro a lo que dice Sonia y otro a lo que dice Yoatzin. Realiza cada reparto.

19. LA CASA SUIZA

El dibujo de la derecha es de unas casas de paredes altas y techo inclinado. Así acostumbran hacerlas en un país europeo que se llama Suiza.

1 Observa el dibujo de abajo y traza las líneas que faltan para obtener un dibujo semejante, pero más grande. Los lados del dibujo que vas a reproducir deben medir el doble que los lados del dibujo original. Anota también las letras correspondientes.

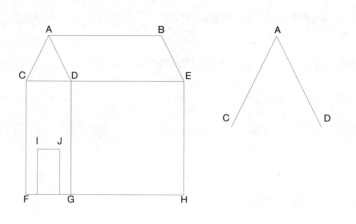

2 De acuerdo con el dibujo de la casa grande, contesta las siguientes preguntas.

El segmento FH es el que va del punto F al punto H. ¿Cuántos milímetros mide?

¿Cuántos milímetros mide el segmento AB?

¿Cuántos milímetros mide el segmento CE?

3 Traza en la casa grande una ventana cuadrada que mida 24 milímetros de lado.

4 Traza la ventana en el dibujo original. ¡Cuidado!, la ventana será más pequeña.

5 Abajo están marcados unos puntos; traza los segmentos que se indican a la derecha y anota en milímetros la medida de cada uno. Observa el ejemplo.

A .

.B

C
.

G .

.H

.
E

D .

.F

AB =	
AC =	51 milímetros
CB =	
DE =	
DF =	
EF =	
GH =	

6 En el dibujo de arriba marca con color rojo los segmentos que midan 1 decímetro. Recuerda que 1 decímetro es igual a 100 milímetros.

7 Traza en tu cuaderno dos segmentos que midan la mitad de los segmentos AB y DE.

8 El segmento de abajo mide 1 decímetro. Utiliza tu regla para dividir el segmento en centímetros. Luego marca los milímetros que hay en un centímetro.

9 Mide los segmentos de abajo con una regla y anota en los cuadros las medidas en centímetros y en milímetros. Observa el ejemplo.

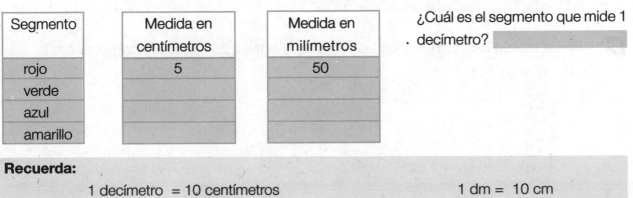

¿Cuál es el segmento que mide 1 . decímetro?

Segmento	Medida en centímetros	Medida en milímetros
rojo	5	50
verde		
azul		
amarillo		

Recuerda:

1 decímetro = 10 centímetros   1 dm = 10 cm

1 centímetro = 10 milímetros   1 cm = 10 mm

20. LECCIÓN DE REPASO

1 Colorea $\frac{1}{3}$ de las siguientes figuras. Hazlo de tres formas diferentes.

2 ¿Qué parte de la figura está coloreada?

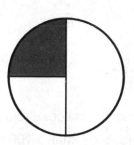

3 Anota en cada caso el número que va antes y el que va después.

Antes		Después
	19 100	
	23 999	
	38 021	

4 Observa el siguiente esquema y contesta.

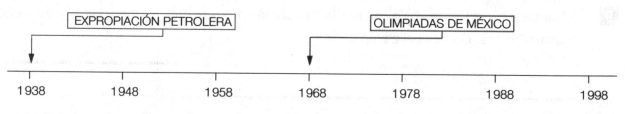

EXPROPIACIÓN PETROLERA   OLIMPIADAS DE MÉXICO

1938   1948   1958   1968   1978   1988   1998

¿Cuántos años transcurren entre dos marcas seguidas del dibujo?

¿Cuántas décadas transcurrieron entre la Expropiación Petrolera y las Olimpiadas de México?

5 Marca con un círculo rojo todos los puntos que estén a 25 milímetros del punto A.

•A

6 Anota dentro de los óvalos, el número que se agrega cada vez.

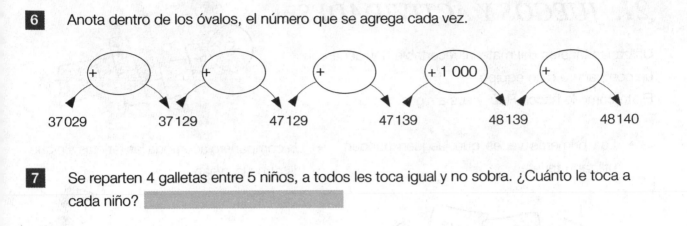

37 029   37 129   47 129   47 139   48 139   48 140

7 Se reparten 4 galletas entre 5 niños, a todos les toca igual y no sobra. ¿Cuánto le toca a cada niño? _____

8 Colorea las dos figuras que tienen igual área e igual perímetro.

9 Colorea el sólido que tiene las siguientes características: 5 caras planas, 6 vértices y 9 aristas.

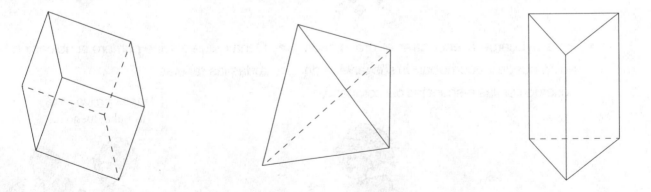

10 Don Antonio compró un refrigerador que cuesta $ 3 756. Lo va a pagar en 12 mensualidades. Contesta las siguientes preguntas utilizando los procedimientos que quieras.

¿Cuánto va a pagar cada mes? _____

¿Cuánto habrá pagado en 7 meses? _____

¿Cuánto le faltará pagar después de dar 5 mensualidades? _____

21. JUEGOS Y ACTIVIDADES

Utiliza las tarjetas del material recortable 8 y juega con un compañero o en equipo.

Fíjate cómo lo hacen Raúl y sus amigos.

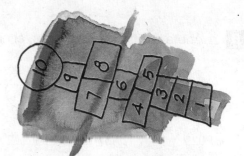

- Las primeras veces que jueguen pueden utilizar 4 tarjetas.

- Un compañero acomoda las tarjetas sin que los otros las vean.

- Los demás tratan de adivinar cómo las ordenó haciendo preguntas sobre la ubicación de las tarjetas.

- El que acomodó las tarjetas sólo puede contestar sí o no.

¿La luna está arriba del sol?

¡Sí!

- Para ayudarse a encontrar el orden, cada quien puede ir acomodando sus tarjetas de acuerdo con las respuestas del compañero.

- Gana quien adivine primero la ubicación de todas las tarjetas

Hasta arriba está la nube, luego ...

- Cuando hayan jugado varias veces, pueden añadir 1 ó 2 tarjetas para hacer más difícil el juego.

- Guarda tus tarjetas para que juegues con ellas otro día.

Bloque 3

1. ESTADIOS Y NÚMEROS

Jaime encontró información sobre el futbol en un periódico.

Principales estadios donde se realizará la temporada de futbol	
Estadio	Número de personas que caben
Jalisco (Guadalajara)	66 193
3 de marzo (Guadalajara)	30 115
Universitario (Monterrey)	43 780
Tecnológico (Monterrey)	33 805
Olímpico (Distrito Federal)	72 212
Cuauhtémoc (Puebla)	46 416
La Bombonera (Toluca)	32 612
La Corregidora (Querétaro)	38 575
Azteca (Distrito Federal)	110 000

1 Lee la información que encontró Jaime y contesta:

¿Cuáles son los dos estadios en los que caben más personas?

¿Cuál es el estadio en el que caben más de 32 000 pero menos de 33 000 personas?

Subraya con rojo los números del cuadro en los que el 3 representa 3 000 unidades.

Encierra en un rectángulo los números en los que el 4 representa 40 000 unidades.

2 Ordena los números del cuadro, del menor al mayor:

_____ , _____ , _____ , _____ , _____ ,

_____ , _____ , _____ , _____ .

¿En qué cifra te fijaste primero para ordenar los números del cuadro? Coméntalo con tus compañeros y tu maestro.

3 Contesta lo siguiente sin escribir operaciones.

¿En cuál estadio caben aproximadamente 20 000 personas menos que en el estadio Jalisco?

¿En cuál estadio caben, aproximadamente, el mismo número de personas que caben dentro del estadio Tecnológico y La Bombonera juntos?

4 Completa los cuadros siguientes:

Número que va antes	Número	Número que va después
	30 797	30 798
	25 995	
	12 410	
	70 000	

Número que va antes	Número	Número que va después
	39 988	39 989
	44 020	
	65 300	
	80 000	

5 Escribe, con palabras, tres números de la columna verde:

Di a un compañero el número que va después de cada uno de los números que escribiste.

6 Escribe los números que faltan sobre las rectas numéricas:

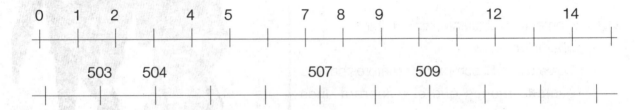

7 Traza una recta y coloca en ella los números entre 900 y 907.

8 Observa las rectas anteriores y contesta:

Para encontrar un número mayor que otro, ¿hacia dónde tienes que desplazarte?

¿Y para encontrar un número menor que otro?

Recuerda:

En los números que sirven para contar, el número que va inmediatamente después de otro se llama sucesor; el número que va inmediatamente antes de otro se llama antecesor.

15 922 es el antecesor de 15 923; 15 924 es el sucesor de 15 923.

2. EL CATÁLOGO

Sonia encontró en el cajón del ropero el catálogo de una tienda y unas notas viejas. Los precios están en pesos viejos.

1 Observa el catálogo y contesta:

¿De qué año es?

¿Cuál es la prenda más cara?

¿Cuáles son las prendas más baratas?

Anota el nombre de dos prendas más caras que la falda.

2 Contesta lo siguiente, sin escribir operaciones.

Sonia dijo : "Si comprara 2 suéteres de niña gastaría menos que si comprara unos zapatos para dama":

¿Es cierto lo que dijo Sonia?

¿Por qué? Coméntalo con tus compañeros.

Jaime dijo: "Si comprara un suéter y un pantalón de niño gastaría igual que si comprara un suéter y una falda".

¿Es cierto lo que dijo Jaime?

¿Por qué? Coméntalo con tus compañeros.

3 Verifica tus respuestas escribiendo las operaciones en tu cuaderno.

COMPARANDO Y COMPRANDO

INVIERNO DE 1987

Usted SÍ Sale ganando

FALDA
$ 15 999

ZAPATOS para dama
$ 34 000

ZAPATOS para caballero
$43 750

PANTALÓN para niño
$ 16 499

SUÉTER para niña
$ 15 499

SUÉTER para niño $ 15 499

4 Completa las notas que encontró Sonia.

NOTA DE REMISIÓN		FECHA *diciembre 4 de 1987*	
NOMBRE *Sra. Rivera*		REMISIÓN Nº	
DOMICILIO			
CIUDAD Y ESTADO		Almacenes "El Descuento"	

CANTIDAD	CONCEPTO	PRECIO	IMPORTE
2	suéter niña		
1	suéter niño		
1	pantalón caballero		
		TOTAL	

NOTA DE REMISIÓN		FECHA *diciembre 5 de 1987*	
NOMBRE *Sra. Rivera*		REMISIÓN Nº	
DOMICILIO			
CIUDAD Y ESTADO		Almacenes "El Descuento"	

CANTIDAD	CONCEPTO	PRECIO	IMPORTE
1	zapatos dama		
2	falda dama		
3	suéter niño		
		TOTAL	

5 De acuerdo con los precios del catálogo, contesta sí o no, sin escribir operaciones:

¿Con $ 50 000 se puede comprar un suéter de niña, una falda y un pantalón para niño?

¿Con $ 42 000 se puede comprar un suéter de niño, un suéter de niña y un pantalón de niño?

6 Escoge la respuesta correcta, sin escribir operaciones:

Se compraron 3 suéteres para niña y se recibieron $ 3 503 de cambio, se pagó con:

$ 40 000 $ 60 000 $ 50 000

Se compraron unos zapatos para caballero y una falda, se recibieron $ 10 251 de cambio, se pagó con:

$ 50 000 $ 80 000 $ 70 000

Verifica tus respuestas haciendo las operaciones por escrito.

7 Investiga los precios actuales de tres prendas de ropa.
Inventa con ellos un problema y pídele a un compañero que lo resuelva. Tú resuelve el problema que invente tu compañero.

3. MÁS GALLETAS Y MÁS NIÑOS

Raúl, Sonia y Yoatzin volvieron a jugar a los repartos y
sucedió algo interesante.

1 Observa el dibujo de Sonia para que hagas el de Yoatzin y el de Raúl.

Dibujo de Sonia	Dibujo de Yoatzin	Dibujo de Raúl

Hay el doble de galletas y el doble de niños que en el dibujo de Sonia.

Hay el doble de galletas y el doble de niños que en el dibujo de Yoatzin.

¿En cuál de los repartos crees que le toca más galleta a cada niño?

Comenta tu respuesta con tus compañeros y tu maestro.

2 Al realizar sus repartos, Sonia encontró que a cada niño le toca $\frac{1}{2}$ de galleta.
Yoatzin encontró que a cada niño le toca $\frac{1}{4} + \frac{1}{4}$ de galleta.
Raúl encontró que a cada niño le toca $\frac{1}{8} + \frac{1}{8} + \frac{1}{8} + \frac{1}{8}$ de galleta.
Realiza los repartos para ver si encuentras lo mismo que Sonia, Yoatzin y Raúl.

3 Julián dice que en el reparto de Sonia, en el de Raúl y en el de Yoatzin, le toca la misma
cantidad de galleta a cada niño. ¿Estás de acuerdo con lo que dice Julián?
¿Por qué?

4 Julián y Ramón quieren dibujar repartos en los que le toque la misma cantidad de galleta a
cada niño. Dibuja el reparto de Ramón.

Dibujo de Julián	Dibujo de Ramón

5 Sonia, Yoatzin, Raúl y Jaime formaron parejas con otros niños y jugaron a adivinar a quién le toca más galleta. Lee lo que dicen y averigua, como tú quieras, a quién le toca más.

Me tocaron
$\frac{1}{2} + \frac{1}{4}$

Me tocaron
$\frac{5}{4}$

¿A quién le tocó más?   ¿Por qué?

Me tocaron
$\frac{3}{5}$

Me tocaron
$\frac{3}{6}$

¿A quién le tocó más?   ¿Por qué?

Me tocaron
$\frac{4}{5}$

Me tocaron
$\frac{8}{10}$

¿A quién le tocó más?   ¿Por qué?

Me tocaron
$\frac{3}{4}$

Me tocaron
$\frac{4}{5}$

¿A quién le tocó más?   ¿Por qué?

4. JARABE PARA LA TOS

Raúl está enfermo y el doctor le recetó un jarabe para la tos.

1 Observa lo siguiente y luego contesta.

RECETA:

Tomar un vasito
cada 6 horas
durante 6 días.

¿Durante cuántos días tiene que tomar Raúl el jarabe?

¿Cada cuándo tiene que tomar un vasito con jarabe?

Si Raúl se toma un vasito a las 10:00 horas, ¿a qué hora tiene que tomar otra vez el jarabe?

Comenta con tus compañeros qué indican las dos marcas del vasito dosificador.

¿Qué cantidad de jarabe contiene la botella?

2 En la parte de atrás de la botella se lee la siguiente información:

Modo de empleo: agite la botella y mida la dosis en el vasito dosificador.

Edad	Peso	Dosis
2 a 6 años	12 a 21 kg	llene hasta la primera marca (7.5 ml)
6 a 12 años	22 a 43 kg	llene hasta la segunda marca (15 ml)

Raúl tiene 10 años y pesa 30 kg, ¿hasta dónde tiene que llenar el vasito con jarabe?

¿Cuántos mililitros son?

Si toma tres vasitos, ¿cuántos mililitros de jarabe habrá tomado?

Si al día toma 60 ml, ¿para cuántos días le alcanza un frasco de jarabe?

¿Cuántos frascos más tendría que comprar para que le alcance en los días que indicó el doctor?

3 Para entretenerse mientras estuvo enfermo, Raúl realizó un experimento con un globo.

Observa cómo lo hizo para que tú puedas realizarlo.

Material:

1 globo   1 botella pequeña de refresco

2 limones   1 bolsita de bicarbonato de sodio

1 vaso con agua   1 jeringa de 30 mililitros sin aguja

Procedimiento:

- Con ayuda de la jeringa, Raúl introdujo
  en la botella 25 mililitros de agua y después
  le agregó una cucharada de bicarbonato.

- Exprimió el jugo de dos limones y luego
  introdujo 10 mililitros de jugo en el globo.

- Colocó el globo en la boca de la botella
  para que el jugo se mezclara con el agua y el
  bicarbonato.

La mezcla produce un gas que hace que el globo se infle.

Raúl observó que cuando el jugo se mezcla
con el agua y el bicarbonato, el globo se infla. Raúl pensó:

4 Realiza el experimento del globo como lo hizo Raúl; después, describe lo que observaste:

Recuerda:

El mililitro sirve para medir pequeñas cantidades de líquidos.

1 mililitro también se representa así: 1 ml

5. NOTAS DEPORTIVAS

Cada 4 años se celebran los Juegos Olímpicos; en ellos participan países de todo el mundo.
En 1992, los Juegos se realizaron en Barcelona.

PALACIO SANT JORDI
Capacidad: 65 000 personas

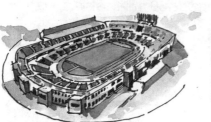

MONTJUIC
Capacidad: 120 000 personas

VELÓDROMO
Capacidad: 17 000 personas

CAMP NOU
Capacidad: 10 000 personas

ALBERCAS BERMAT PICOMELL
Capacidad: 15 000 personas

LA TELXONERA
Capacidad: 8 400 personas

1 La información de arriba apareció en un periódico durante los Juegos Olímpicos de Barcelona; Raúl lo llevó a la escuela. Lee la información y comenta con tus compañeros. ¿Cuáles son los principales estadios olímpicos de Barcelona? Contesta lo siguiente:

¿En cuál estadio caben más personas?

¿En cuál caben menos?

2 Anota, de menor a mayor, los números que corresponden a la capacidad de los estadios:

___ < ___ < ___ < ___ < ___

3 Escribe, con palabras, los números que acabas de ordenar:

4 Estas son algunas noticias que aparecieron en los periódicos durante los Juegos Olímpicos de Barcelona:

> Participarán 15 600 deportistas y técnicos.
>
> Asistirán 10 500 periodistas.
>
> Se servirán, aproximadamente, 100 000 comidas cada día.
>
> Al ensayo general de la ceremonia de apertura asistieron 40 000 personas.

Lee en voz alta, a tu compañero, los números que aparecen en las noticias.

Escribe los números que leíste, con cifras y con palabras:

Intercala los números que escribiste, para que la secuencia quede en orden:

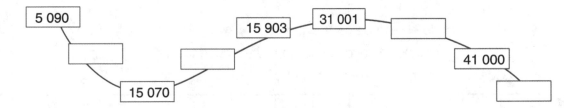

5 090   15 903   31 001

15 070   41 000

5 Escribe los números que faltan en la recta siguiente:

52 139   52 140   52 143   52 145

6 Busca información en la lección "Estadios y números" y completa la respuesta de Jaime:

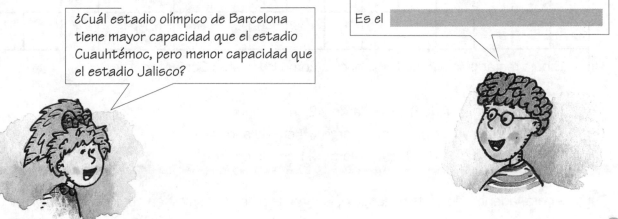

¿Cuál estadio olímpico de Barcelona tiene mayor capacidad que el estadio Cuauhtémoc, pero menor capacidad que el estadio Jalisco?

Es el

6. MEDIDAS Y SUPERFICIES

Sonia y Yoatzin están jugando. Sonia dice las medidas de un rectángulo y Yoatzin lo tiene que dibujar. Luego, Yoatzin dice las medidas.

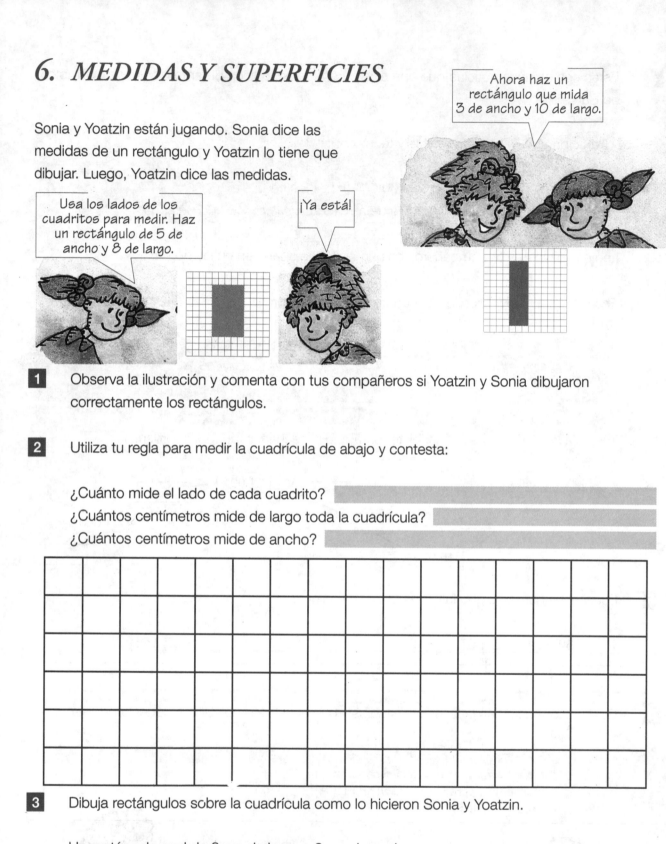

1 Observa la ilustración y comenta con tus compañeros si Yoatzin y Sonia dibujaron correctamente los rectángulos.

2 Utiliza tu regla para medir la cuadrícula de abajo y contesta:

¿Cuánto mide el lado de cada cuadrito?

¿Cuántos centímetros mide de largo toda la cuadrícula?

¿Cuántos centímetros mide de ancho?

3 Dibuja rectángulos sobre la cuadrícula como lo hicieron Sonia y Yoatzin.

Un rectángulo azul de 8 cm de largo y 2 cm de ancho.

Un rectángulo verde de 7 cm de largo y 4 cm de ancho.

Un rectángulo café de 10 cm de largo y 1 cm de ancho.

4 Anota, adentro de cada rectángulo, la medida de su superficie en centímetros cuadrados.

5 Utiliza los segmentos rojo, verde y amarillo trazados sobre la cuadrícula para dibujar tres rectángulos con las siguientes medidas:

6 cm de largo y 5 cm de ancho.   7 cm de largo y 3 cm de ancho.

8 cm de largo y 2 cm de ancho.

Anota las medidas de los lados y el área de los rectángulos:

Rectángulo	Largo	Ancho	Área
rojo	6 cm	5 cm	cm²
verde			
azul			

6 Dibuja en tu cuaderno rectángulos de las siguientes medidas:

Rectángulo A: 3 cm de largo y 2 cm de ancho.

Rectángulo B: 10 cm de largo y 6 cm de ancho.

Rectángulo C: 12 cm de largo y 8 cm de ancho.

Cuando hayas terminado los rectángulos, completa el cuadro:

Rectángulo	Largo	Ancho	Área
A			
B			
C			

Anota el procedimiento que seguiste para calcular el área de los rectángulos:

Compara tu procedimiento con el de tus compañeros.

7. ADORNOS PARA EL FESTIVAL

En el grupo de Raúl hacen adornos para el festival deportivo. Cortan una cuerda y la marcan en partes iguales para colgar figuras.

1 Observa el siguiente dibujo para que puedas contestar las preguntas de abajo.

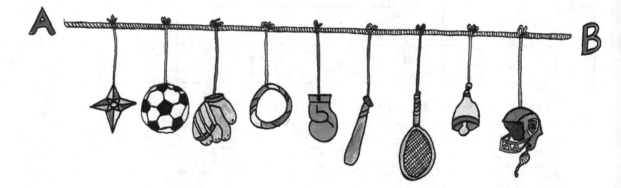

Si la unidad se divide en 10 partes iguales, cada parte es $\frac{1}{10}$.

¿En cuántas partes está dividida la cuerda?

¿Qué fracción de la cuerda es cada parte?

Raúl dice que del extremo A a la manopla hay $\frac{3}{10}$ de la cuerda. ¿Estás de acuerdo con lo que dice Raúl?

Coméntalo con tus compañeros y con tu maestro.

¿Cuántos décimos hay del extremo A a la estrella?

¿Cuál es el adorno que está a $\frac{5}{10}$ del extremo A?

¿A qué distancia del extremo A está la campana?

¿Qué distancia hay entre la pelota y el bate?

2 En el equipo de Mario, después de dividir la cuerda en 10 partes iguales volvieron a dividir cada décimo en 10 partes iguales.

Observa el dibujo y contesta lo que viene después.

¿En cuántas partes quedó dividida la cuerda en el equipo de Mario?

Cada una de esas partes es un centésimo. Un centésimo se puede escribir así: $\frac{1}{100}$

¿Cuántos centésimos hay del extremo A a la esfera negra?

¿Qué figura está más lejos del extremo A, la que está a $\frac{3}{10}$ o la que está a $\frac{30}{100}$?

Rita dice que del extremo A a la esfera lila hay $\frac{7}{10}$ + $\frac{3}{100}$, o bien, $\frac{73}{100}$. ¿Estás de acuerdo con lo que dice Rita?

3 Anota los nombres de los adornos que corresponden a las siguientes fracciones:

$\frac{6}{10}$　　　　　　　$\frac{2}{10}$　　　　　　　$\frac{8}{10}$ + $\frac{3}{100}$

$\frac{3}{10}$ + $\frac{4}{100}$　　　　　$\frac{90}{100}$　　　　　　$\frac{4}{100}$

$\frac{25}{100}$　　　　　　　$\frac{9}{10}$

4 Anota los números que corresponden a los puntos donde se encuentran los siguientes adornos:

manopla　　　　　　　pelota　　　　　　　raqueta

　　　esfera blanca　　　　　　　esfera rosa

5 Completa las siguientes expresiones:

La estrella está a $\frac{1}{10}$ de A, o bien, a $\frac{}{100}$ de A.

La pelota está a $\frac{2}{10}$ de A, o bien, a $\frac{}{100}$ de A.

8. CAJEROS Y CLIENTES

Este es otro de los juegos favoritos de Jaime y sus amigos.

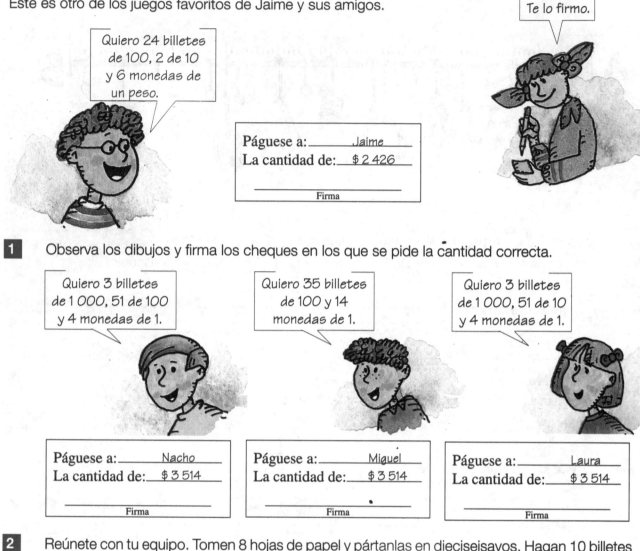

Quiero 24 billetes de 100, 2 de 10 y 6 monedas de un peso.

¡Muy bien! Te lo firmo.

Páguese a: _____ Jaime _____
La cantidad de: _____ $ 2 426 _____

_____
Firma

1 Observa los dibujos y firma los cheques en los que se pide la cantidad correcta.

Quiero 3 billetes de 1 000, 51 de 100 y 4 monedas de 1.

Quiero 35 billetes de 100 y 14 monedas de 1.

Quiero 3 billetes de 1 000, 51 de 10 y 4 monedas de 1.

Páguese a: _____ Nacho _____
La cantidad de: _____ $ 3 514 _____

_____
Firma

Páguese a: _____ Miguel _____
La cantidad de: _____ $ 3 514 _____

_____
Firma

Páguese a: _____ Laura _____
La cantidad de: _____ $ 3 514 _____

_____
Firma

2 Reúnete con tu equipo. Tomen 8 hojas de papel y pártanlas en dieciseisavos. Hagan 10 billetes de 1 000, 51 de 100, 51 de 10 y 16 monedas de un peso.
Usen los billetes para comprobar si firmaron correctamente los cheques.

3 Observa el cheque de Yoatzin. Escribe tres maneras diferentes en que puede pedir la cantidad correcta de billetes y monedas.

Páguese a: _____ Yoatzin _____
La cantidad de: _____ $ 2 844 _____

_____
Firma

Primera:

Segunda:

Tercera:

4 El cheque de Yoatzin es por $ 2 844. Ella quiere repartir esta cantidad en 12 bolsas de manera que haya la misma cantidad en cada una. ¿Cuánto pondrá en cada bolsa? Subraya la frase correcta.

Menos de $ 10   Entre $ 10 y $ 100

Entre $ 100 y $ 1 000   Más de $ 1 000

5 Lee lo que dice Yoatzin y contesta las preguntas.

Para repartir $ 2 844, primero pongo $ 100 en cada bolsita.

¿Cuánto ha repartido Yoatzin después de poner $ 100 en cada bolsa?

¿Cuánto le falta por repartir?

¿Crees que le alcance para poner otros $ 100 en cada bolsa?

Continúa el procedimiento de Yoatzin. Ve anotando las cantidades dentro de las bolsas hasta que hayas repartido los $ 2 844.

6 ¿Cuánto pusiste en total en cada bolsa?

¿Sobró alguna cantidad que ya no se pudo repartir?

Comprueba que al multiplicar por 12 la cantidad que hay en cada bolsa, se obtiene 2 844.

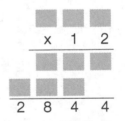

$$
\begin{array}{r}
\square\ \square\ \square \\
\times\quad 1\quad 2 \\
\hline
\square\ \square\ \square \\
\square\ \square\ \square \\
\hline
2\quad 8\quad 4\quad 4
\end{array}
$$

7 Jaime quiere repartir en 15 bolsas la cantidad que hay anotada en su cheque: $ 2 426 Subraya la frase correcta. En cada bolsa pondrá:

Menos de $ 10   Entre $ 10 y $ 100

Entre $100 y $ 1 000   Más de $ 1 000

Usa el procedimiento de Yoatzin para encontrar la cantidad que Jaime pondrá en cada bolsa.

¡Cuidado! En este problema sobra una cantidad que ya no se puede repartir.

9. REPRESENTAMOS POLIEDROS

Sonia y Raúl construyen con palillos y plastilina
algunos poliedros. Ya hicieron un cubo y
una pirámide.

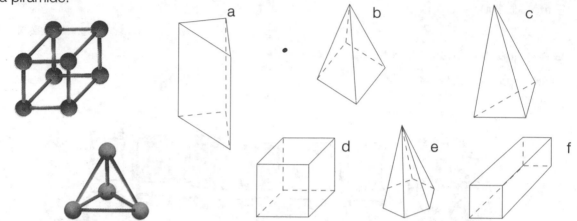

a

b

c

d

e

f

1 Trabaja con un compañero. Consigan 10 popotes o palillos de dos tamaños y barro o plastilina y realicen la siguiente actividad:

- Escoge uno de los poliedros de la ilustración.
- Pide al compañero el número exacto de palillos "grandes" y "chicos" que necesitas para hacer el poliedro. Pide también el número exacto de bolitas de plastilina que necesitas.
- Construye el poliedro con los palillos y la plastilina.
- Si no te sobran ni te faltan palillos o bolitas de plastilina, ganas un punto.
- Luego toca el turno a tu compañero.
- Jueguen hasta que cada quien haya hecho 3 ó 4 poliedros.
- Gana el que haga más puntos.

2 Lee lo que dicen Sonia y Raúl y contesta:

> Yo utilicé 4 palillos chicos, 4 palillos grandes y 5 bolitas de plastilina. Una cara tiene forma cuadrada.

> Utilicé 6 palillos chicos, 3 palillos grandes y 6 bolitas de plastilina. Dos caras del poliedro tienen forma de triángulo.

¿Cuál es el poliedro que hizo Sonia?

¿Cuál poliedro hizo Raúl?

3 Utiliza palillos y plastilina para hacer los siguientes poliedros:

Un poliedro con una cara cuadrada y 4 caras triangulares.
Un poliedro con 2 caras cuadradas y 4 caras rectangulares.
Un poliedro con 4 caras triangulares.

¿Cómo se llaman los poliedros que hiciste? Búscalos en la tabla de abajo y coméntalo con tus compañeros.

4 Completa la tabla:

Poliedro	Número de caras	Número de aristas	Número de vértices
Cubo			
Pirámide cuadrangular			
Pirámide hexagonal			
Prisma triangular			
Pirámide triangular			
Prisma cuadrangular			

¿Cuál poliedro tiene sólo caras cuadradas?
¿Cuáles poliedros tienen caras triangulares?
¿Cuáles tienen caras rectangulares?

¿En qué son diferentes las pirámides y los prismas? Discútelo con tus compañeros y tu maestro, luego anota el resultado de la discusión:

Compara tu trabajo con el de tus compañeros.

10. EL NÚMERO PREMIADO

Los compañeros del grupo de Raúl participaron
en un sorteo. Tuvieron tan buena suerte que se
ganaron un premio.

1   El dibujo de abajo es un cheque en el que se muestra la cantidad que ganó el grupo de Raúl.

BANCO DE LA BUENA SUERTE

Páguese a: _____ Al portador $ 5 652.00 _____

Cinco mil seiscientos cincuenta y dos pesos. _____ _____

_____
Firma

En el grupo de Raúl hay 24 niños en total y se quieren repartir el premio en partes iguales.
¿Cuánto crees que le toque a cada niño? Subraya la frase correcta.

Menos de $ 100	Entre $ 100 y $ 200
Entre $ 200 y $ 300	Más de $ 300

2   El maestro dijo a los niños que para saber cuánto le tocará a cada quién, traten de resolver la
siguiente división.

24 | 5 652

¿Cuál es la cantidad que se va a repartir?

¿Entre cuántos niños se va a repartir esa cantidad?

Recuerda que al cambiar el cheque, la cantidad se puede pedir de distintas maneras.

¿Tú cómo pedirías la cantidad en un banco para poder repartirla?

3   Averigua, como tú quieras, cuánto le toca a cada uno.

4 Observa cómo resolvieron la división en algunos equipos. Comenta los procedimientos con tus compañeros y con tu maestro.

Primero dimos 100 a cada uno, en total fueron 2 400 y sobraron 3 252. Después...

Primero dimos 200 a cada uno, en total fueron 4 800 y sobraron 852. Después...

Primero repartimos 56 billetes de 100. Dimos 2 billetes de 100 a cada uno, en total fueron 48 billetes de 100. Después...

Equipo de Yoatzin

```
      100 + 100 + 10 + 20 + 5 = 235
24 | 5 652
    -2 400
     3 252
    -2 400
       852
      -240
       612
      -480
       132
      -120
       012
```

Equipo de Sonia

```
      200 + 30 + 5 = 235
24 | 5 652
   -4 800
    0 852
     -720
      132
     -120
      012
```

Equipo de Raúl

```
         235
24 | 5 652
   - 4 8
    0 85
    -72
     132
    -120
     012
```

5 En el equipo de Yoatzin repartieron todo el dinero en cinco rondas. En la primera ronda le dieron $ 100 a cada uno, en total repartieron $ 2 400 y sobraron $ 3 252. En la segunda ronda le dieron otros $100 a cada uno, en la tercera ronda le dieron $ 10 a cada uno.

¿Cuánto le dieron a cada uno en la cuarta ronda?

¿Cuánto repartieron en total en la cuarta ronda?

¿Cuánto sobró después de repartir en la cuarta ronda?

6 Observa el procedimiento del equipo de Sonia.

¿En cuántas rondas repartieron todo el dinero?

¿Cuánto le dieron a cada uno en la segunda ronda?

¿Cuánto repartieron en total en la segunda ronda?

¿Cuánto sobró después de repartir en la segunda ronda?

7 Observa lo que hicieron en el equipo de Raúl.

¿Cuánto le dieron a cada uno en la segunda ronda?

¿Cuánto repatieron en total en la segunda ronda?

¿Cuánto sobró después de repartir en la segunda ronda?

Practica:

```
 8 | 3 207        18 | 2 836        27 | 5 239
```

11. LAS GOLOSINAS

Durante el recreo, Raúl y sus amigos se pusieron a ver la información que hay en la envoltura de algunas golosinas. Observa los dibujos para que puedas resolver los problemas que vienen después.

Caramelos 200g
10 CARAMELOS

Chicles
4 PAQUETES DE 5 CHICLES
130 g

Chocolates 100 g
25 Chocolates

HOJUELAS DE MAÍZ
15 g

CACAHUATES CONTENIDO NETO 60g

DULCES
CONTENIDO
125g

PAPAS 50g

PULPA DE TAMARINDO 250g

GALLETAS 180g

1 El paquete trae 12 galletas y pesa 180 gramos. ¿Cuántos gramos pesa una galleta?

2 ¿Cuántas galletas pesan lo mismo que el contenido de una lata de cacahuates?

3 Un kilogramo es igual a 1 000 gramos. ¿Cuántas cajas de chocolates se necesitan para tener un kilogramo?

4 ¿Cuál de las golosinas dibujadas pesa $\frac{1}{4}$ de kg?

5 ¿Cuántas bolsas de dulces pesan un kilogramo?

6 La bolsa de chicles trae 4 paquetes y cada paquete contiene 5 chicles. ¿Cuánto pesa un chicle?

7 ¿Cuántos gramos pesa un caramelo?

8 Reúnete con tu equipo y entre todos junten una o varias golosinas que en total pesen 50 gramos. Sólo tienen que buscar en los envases el **Contenido neto.**
Si no logran reunir 50 gramos, procuren tener 25 ó 10 ó 5 gramos.

9 Consigan el material necesario para construir una balanza más grande y resistente que la que construyeron en la lección "El peso de un peso".
Necesitan:

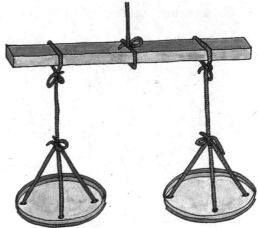

- Dos tapas de bote de leche o de pintura para los platillos. Con un clavito se hacen tres agujeros en cada tapa.
- Un pedazo de madera o de alambre grueso de aproximadamente 40 centímetros del largo.
- Nueve pedazos de hilo de 15 centímetros cada uno.

Armen la balanza como se ve en el dibujo.

10 Hagan tres esferas de plastilina que pesen 50 gramos cada una. Para pesarlas utilicen las golosinas que consiguieron. En un platillo coloquen las golosinas, y en el otro platillo coloquen la plastilina hasta que la balanza esté en equilibrio.

11 Con dos esferas de 50 gramos hagan una de 100 gramos.

12 Con las esferas de 100 gramos y de 50 gramos que hay en todo el grupo, hagan una esfera que pese $\frac{1}{4}$ de kilo, otra que pese $\frac{1}{2}$ kilo y otra que pese 1 kilo.

13 Lee lo que dicen Sonia y Raúl:

Para hacer la de $\frac{1}{4}$ de kilo, juntamos dos de 100 g y una de 50 g.

Para hacer la de 1 kg juntamos ocho de 100 g y cuatro de 50 g.

Y en tu grupo, ¿cómo hicieron la esfera de $\frac{1}{2}$ kilo?

Recuerda:

1 kg = 1 000 g $\frac{1}{2}$ kg = 500 g $\frac{1}{4}$ kg = 250 g

12. LA VUELTA AL MUNDO EN 360 GRADOS

A Raúl y sus amigos les divirtió mucho el juego de
"La vuelta al mundo". Raúl fue el primero que completó
las cinco vueltas y ganó.

Observa nuevamente el dibujo que se utilizó en el juego.
Está hecho en tres tamaños distintos.

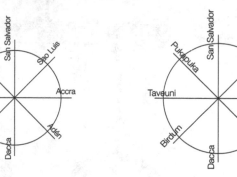

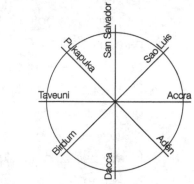

1   Colorea en cada dibujo la línea de salida y la línea de llegada para ir de Accra a Sao Luis.

2   ¿Cuántos octavos de vuelta hay que girar en el dibujo grande para dar una vuelta
completa?   ¿Cuántos en el dibujo mediano?   ¿Cuántos en el
dibujo chico?

3   Lee lo que dicen Jaime y Raúl

> En el dibujo mediano
> hay que girar $\frac{8}{8}$ para
> dar una vuelta
> completa. En el dibujo
> grande hay que girar
> más de $\frac{8}{8}$ y en el
> dibujo pequeño menos
> de $\frac{8}{8}$.

> Yo digo que para dar
> una vuelta completa, en
> los tres dibujos hay que
> girar $\frac{8}{8}$

   ¿Quién crees que tiene razón?

   ¿Por qué?

4   Marca, en los tres dibujos de arriba, la línea de salida y la línea de llegada para indicar un
giro de $\frac{1}{4}$ de vuelta. La línea de salida puede ser la de cualquier país.

5   Cuando se hace un giro, se describe un ángulo.
Anota en cada dibujo qué fracción de vuelta se giró para formar el ángulo. Puedes ayudarte
con los dibujos de arriba.

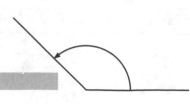

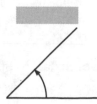

6 Los ángulos también se miden en grados. Un giro de una vuelta completa mide 360 grados.
¿Cuántos grados mide un giro de $\frac{1}{8}$ de vuelta?

7 Anota en cada dibujo cuántos grados mide el ángulo. Utiliza los materiales recortables 7 y 9.

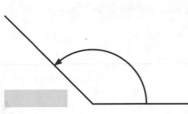 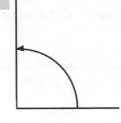 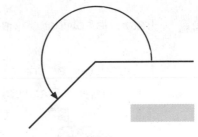

8 Completa la siguiente tabla.

Línea de salida	Línea de llegada	Medida del ángulo en:	
		Vueltas	Grados
Sao Luis	Pukapuka	$\frac{1}{4}$	90
Accra	Taveuni		180
Dacca	Adén	$\frac{1}{8}$	
Birdum	Accra		
Accra	Birdum		
Pukapuka	Sao Luis	$\frac{6}{8}$	

9 Dibuja en el espacio de abajo tres de los ángulos que aparecen en la tabla. Puedes utilizar el material recortable 7.

10 ¿Cuál de los siguientes ángulos mide más?

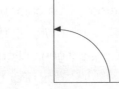

Comenta tu respuesta con tus compañeros y tu maestro.

 113

13. CANICAS DE COLORES

Raúl y Jaime hicieron un experimento con canicas de colores.

1 Tratan de adivinar de qué color van a sacar una canica. Observa cómo lo hacen.

1° Introducen en una caja 10 rojas y 5 azules.

2° Tapan la caja y la agitan.

3° Sin ver, sacan una canica.

4° Introducen la canica otra vez en la caja.

5° Agitan nuevamente la caja.

6° Sacan otra vez una canica.

Raúl y Jaime repitieron varias veces el experimento. ¿Qué color de canica crees que salió más veces? _____ ¿Por qué? _____

Fíjate lo que dicen Raúl y Jaime:

> Es más probable que salga una canica roja porque hay más canicas de ese color.

> Entonces, es menos probable que salga una canica azul porque hay menos canicas de ese color.

2 Comprueba si lo que dicen Raúl y Jaime es correcto. Pon en una caja 10 canicas de color rojo y 5 azules. Repite 20 veces el experimento y registra los resultados en la tabla.

Canica	Conteo	Totales
roja		
azul		

Total = 20

Compara tus resultados con los de otros compañeros. ¿Qué color apareció más veces? _____

3 Si en la caja se colocan 3 canicas azules y 7 rojas y gana el que adivine el color de la canica que va salir, ¿tú a qué color le apostarías? _____ ¿Por qué? _____

_____

4 Raúl y Jaime hicieron otro experimento.

Colocaron en la caja cinco canicas rojas y cinco azules.
Repitieron 15 veces el experimento y fueron anotando los resultados.
Observa los datos que obtuvieron.

Canica	Conteo	Totales
roja	IIIIIII	7
azul	IIIIIIII	8

Total = 15

Con los datos obtenidos Raúl y Jaime comenzaron una gráfica. Ayúdales a terminarla.

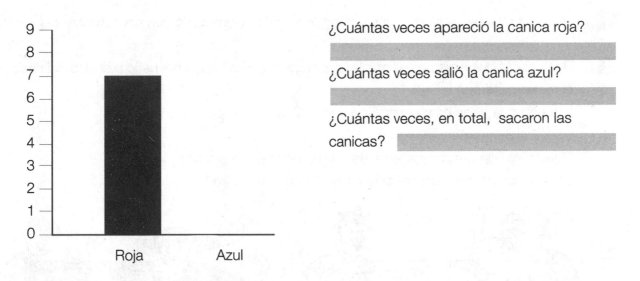

¿Cuántas veces apareció la canica roja?

¿Cuántas veces salió la canica azul?

¿Cuántas veces, en total, sacaron las canicas?

5 Pon en la caja cinco canicas rojas y cinco azules. Repite 20 veces el experimento como lo hicieron Raúl y Jaime y haz un registro en la siguiente tabla.

Canica	Conteo	Totales
roja		
azul		

Total = 20

Compara tu resultado con el de otros 4 compañeros y comenta lo que observas.

6 Si repitieras 100 veces el experimento. ¿Cuántas veces crees que saldría la canica roja?
¿Y la canica azul?
Suma los resultados que hay en tu tabla con los que obtuvieron los otros 4 compañeros para completar las 100 veces.
¿Cuántas veces salió la canica roja?
¿Cuántas veces salió la canica azul?

Total = 100

14. PARA MEDIR EL PATIO

Yoatzin encontró en un periódico el anuncio de la derecha.

Cuando Raúl vio el anuncio preguntó:

"¿Cómo medirán la superficie de los terrenos? ¡Pues son muy grandes!"

La maestra contestó: "¡Vamos a medir el patio, así lo averiguaremos!"

COMPRO TERRENO
de 400 metros cuadrados.
Comunicarse con
Sr. Gómez.
Tel. 15-21-47

1 ¿Cómo crees que los niños pueden medir el patio? Coméntalo con tus compañeros.

2 Una unidad que sirve para medir las superficies, como el piso del patio o el piso del salón, es el metro cuadrado.

El metro cuadrado es un cuadrado que mide un metro por cada lado.

Construye con tus compañeros de equipo un metro cuadrado.
Utilicen periódico u otro papel que les indique el maestro.

3 ¿Cuántos metros cuadrados crees que mide el piso de tu salón? Obsérvalo y anota lo que tú creas.

Piso del salón: _____ metros cuadrados

Observa el patio y anota aquí lo que tú creas que mide.

Patio: _____ metros cuadrados

Averigua con tus compañeros cuántos metros cuadrados miden el patio y el piso del salón.

Busquen un procedimiento para no tener que contar los metros cuadrados de uno en uno.

Sonia y su equipo propusieron:

Vamos a marcar los metros cuadrados en el patio para contarlos.

Raúl y su equipo pensaron en medir así:

Sólo marcaremos los metros cuadrados de dos orillas para encontrar el resultado.

Yoatzin y su equipo dijeron:

Mejor medimos lo largo y lo ancho y luego lo multiplicamos.

4 ¿Con cuál procedimiento crees que es más fácil medir el patio, con el de Sonia, el de Raúl o el de Yoatzin?

5 Utiliza el procedimiento de Yoatzin para verificar si tu salón y el patio de tu escuela miden lo que tú pensaste.

El piso del salón mide: metros cuadrados

El piso del patio mide: metros cuadrados

6 Representa, en tu cuaderno, un patio cuadrado que mida 16 metros por cada lado. Cada centímetro debe representar un metro.

Calcula el área del patio que dibujaste y anótala aquí.

Área del patio: metros cuadrados.

¿Qué medida necesitas conocer para calcular el área de un cuadrado? Coméntalo con tus compañeros, luego anota aquí lo que opine la mayoría:

Recuerda:

El metro cuadrado es una unidad que utilizamos para medir superficies.

Metro cuadrado se representa así: m^2

15. LA PALOMA DE LA PAZ

En un libro llamado *Creaciones con papel* aparece
la figura de una paloma hecha con líneas rectas.

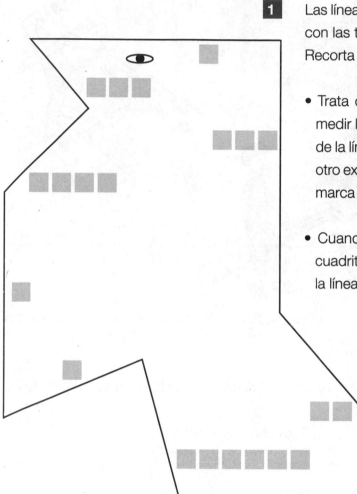

1 Las líneas que forman este dibujo se pueden medir
con las tiras que hay en el material recortable 10.
Recorta las tiras y haz lo siguiente:

- Trata de encontrar la tira con la que se puede
medir la línea que está arriba del ojo. Un extremo
de la línea debe coincidir con el cero de la tira y el
otro extremo debe coincidir exactamente con otra
marca de la tira.

- Cuando encuentres la tira, escribe dentro del
cuadrito azul la fracción que indica la medida de
la línea.

- Las líneas que tienen dos cuadritos se pueden medir con dos tiras. Primero encuentra una
tira, anota en uno de los cuadritos la fracción que resulta. Después encuentra la otra tira y
anota en el otro cuadrito la segunda fracción que resulta.

- Hay una línea que se puede medir con seis tiras diferentes. Encuentra las seis tiras y anota
en cada uno de los cuadritos las medidas que resultan.

- Cuando hayas anotado una fracción en todos los cuadritos, compara tu dibujo con el de
otros compañeros. Para cada línea deben haber encontrado las mismas fracciones.

2 Observa las fracciones que escribió Sonia en una de las líneas que forman el pico de la paloma.

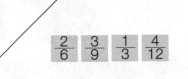

$$\frac{2}{6} \quad \frac{3}{9} \quad \frac{1}{3} \quad \frac{4}{12}$$

¿Son las mismas fracciones que tú escribiste?

Si no son las mismas, usa las tiras otra vez para ver si Sonia tiene razón.

Comenta con tus compañeros y con tu maestro por qué las cuatro fracciones que escribió Sonia indican la medida de la misma línea.

3 Para medir una de las líneas que forman la cola de la paloma, Yoatzin usó estas tiras:

| 0 | $\frac{1}{5}$ | $\frac{2}{5}$ | $\frac{3}{5}$ | $\frac{4}{5}$ | 1 |

| 0 | $\frac{1}{10}$ | $\frac{2}{10}$ | $\frac{3}{10}$ | $\frac{4}{10}$ | $\frac{5}{10}$ | $\frac{6}{10}$ | $\frac{7}{10}$ | $\frac{8}{10}$ | $\frac{9}{10}$ | 1 |

¿Cuánto mide la línea, si la mides con la tira dividida en quintos?

¿Cuánto mide la línea, si la mides con la tira dividida en décimos?

¿Es cierto que $\frac{4}{5} = \frac{8}{10}$?   ¿Por qué?

4 Toma tus tiras y contesta:

Si una línea mide $\frac{2}{5}$, ¿cuántos décimos mide la misma línea?

Si una línea mide $\frac{3}{5}$, ¿cuántos décimos mide la misma línea?

Si una línea mide $\frac{7}{5}$, ¿cuántos décimos mide la misma línea?

5 Lee lo que dicen Sonia, Raúl y Yoatzin y coméntalo con tus compañeros.

En $\frac{8}{10}$ hay el doble de partes que en $\frac{4}{5}$.

Pero los décimos son la mitad de los quintos.

Por eso $\frac{8}{10}$ es igual a $\frac{4}{5}$

6 Utiliza tus tiras para completar las siguientes expresiones:

$$\frac{3}{4} = \frac{\square}{8} \qquad \frac{2}{3} = \frac{4}{\square} \qquad \frac{1}{3} = \frac{\square}{9} \qquad \frac{6}{8} = \frac{\square}{4}$$

16. FORMA Y TAMAÑO EXACTOS

Jaime está armando un rompecabezas; le falta
colocar algunas piezas.

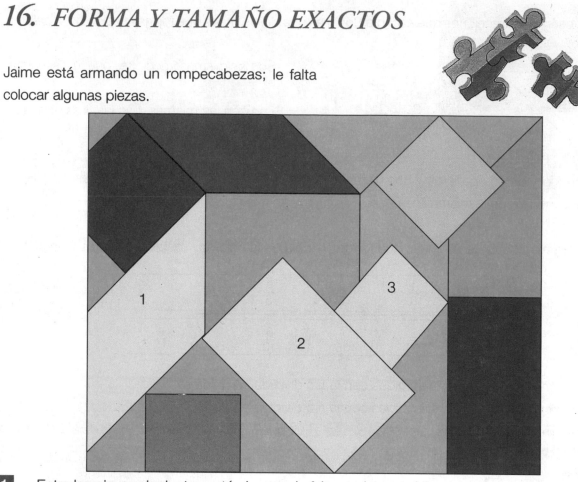

1 Entre las piezas siguientes están las que le faltan colocar a Jaime.

Trabaja con un compañero. Utilicen escuadra, transportador o los instrumentos que quieran
para encontrar las piezas que Jaime no ha colocado. Cuando encuentren las piezas, pónganles
el número del hueco donde deben ir.

2 Comenta con tus compañeros y tu maestro lo siguiente:

¿En qué te fijaste para saber qué pieza va en el hueco 1? ¿En qué te fijaste para saber qué pieza va en el hueco 2?

Jaime dijo: "Para saber qué pieza va en el hueco 3, yo medí los lados de las figuras rojas, todos tienen la misma medida".

¿Qué más tendrá que hacer Jaime para saber cuál pieza roja va en el hueco 3?

3 Reproduce en el espacio de la derecha una de las figuras verdes del rompecabezas. Debe quedar de la misma forma y el mismo tamaño que la de la página anterior.

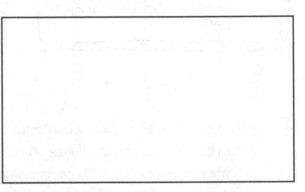

4 Haz un mensaje para pedir a un compañero la pieza que va en el hueco 1:

Esta es la descripción de una de las figuras del rompecabezas:
"Es una figura que tiene 4 lados iguales y no tiene ángulos rectos".
¿En qué hueco va esa figura?

Haz una descripción de la figura que va en el hueco 2:

Compara tu trabajo con el de tus compañeros.

17. HACEMOS RECETAS

En la escuela de Sonia van a hacer gelatinas de limón.

Los paquetes que compraron son como el de la ilustración.

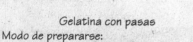

Gelatina con pasas

Modo de prepararse:

• Ponga un paquete de gelatina en 2 tazas de agua caliente.
• Agregue 2 tazas de agua fría y 1 cucharada de azúcar.
• Cuando enfríe la gelatina, agregue un puño de pasas.

1 Lee lo que dice el paquete y contesta:

¿Para cuántas personas alcanza un paquete?

¿Cuántas tazas de agua fría se necesitan para preparar gelatina para 6 personas?

¿Cuántas tazas de agua caliente?

¿Cuántos puños de pasas?

2 Si se quiere hacer gelatina para 12 personas, ¿cuántos paquetes se necesitan?

¿Y para 18 personas?

¿Y para 24?

3 Anota las cantidades que se necesitarían para hacer gelatina para 12 y 24 personas.

Para 12 personas:

gelatina

agua caliente

agua fría

azúcar

pasas

Para 24 personas:

gelatina

agua caliente

agua fría

azúcar

pasas

4 En la escuela de Sonia hicieron tortas para la kermes. A los niños de su clase les tocó preparar las siguientes tortas:

Torta de huevo cocido :

1 bolillo

1 huevo cocido

1 rebanada de jitomate

$\frac{1}{2}$ cucharadita de cebolla picada

2 rebanadas de chile

Torta especial:

1 bolillo

1 rebanada de queso

3 rebanadas de pepino

1 cucharada de frijoles

salsa picante al gusto

Ayúdalos con los cálculos y anota las cantidades que se necesitan para hacer 4 tortas:

Tortas de huevo cocido:

bolillos

huevos cocidos

jitomate

cebolla picada

chile

Tortas especiales:

bolillos

queso

pepino

frijoles

salsa picante

Anota las cantidades que se necesitan para hacer 8 tortas:

Tortas de huevo cocido:

bolillos

huevos cocidos

jitomate

cebolla picada

chile

Tortas especiales:

bolillos

queso

pepino

frijoles

salsa picante

5 Observa la receta para hacer *pan de naranja*, fíjate que es para cuatro personas. Anota las cantidades que se necesitan para dos personas.

Ingredientes para 4 personas	Ingredientes para 2 personas
2 tazas de harina de trigo	
2 huevos	
1 vaso de jugo de naranja	
$\frac{1}{2}$ taza de azúcar	
$\frac{1}{2}$ taza de aceite comestible	
$\frac{1}{2}$ cucharada de polvo para hornear	

Compara tus respuestas y procedimientos con los de tus compañeros.

18. LECCIÓN DE REPASO

1 Sin escribir operaciones, anota los números que resultan después de hacer lo que se indica.

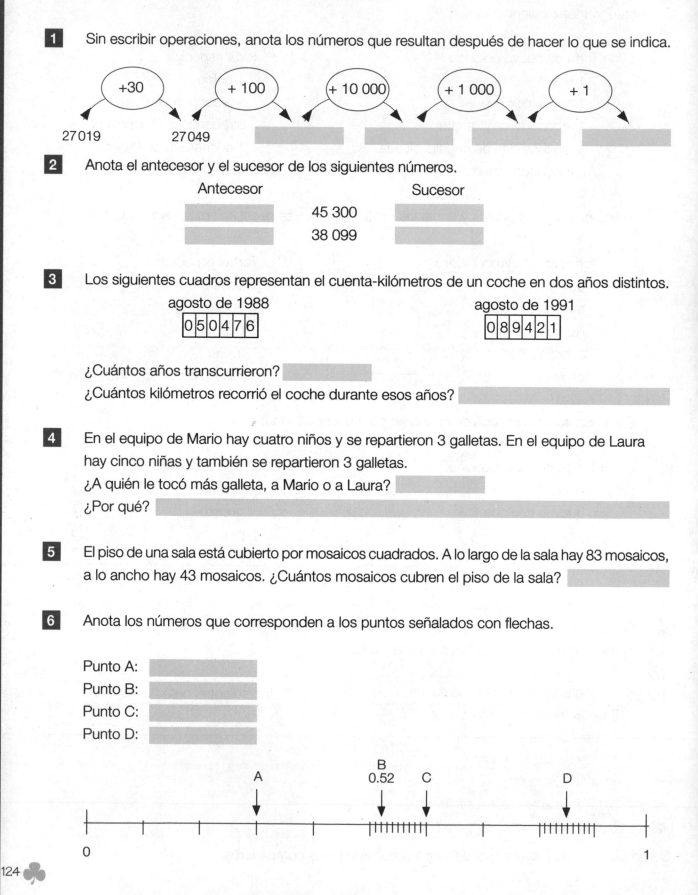

+30   + 100   + 10 000   + 1 000   + 1

27 019   27 049

2 Anota el antecesor y el sucesor de los siguientes números.

Antecesor   Sucesor

45 300

38 099

3 Los siguientes cuadros representan el cuenta-kilómetros de un coche en dos años distintos.

agosto de 1988   agosto de 1991
0 5 0 4 7 6   0 8 9 4 2 1

¿Cuántos años transcurrieron?

¿Cuántos kilómetros recorrió el coche durante esos años?

4 En el equipo de Mario hay cuatro niños y se repartieron 3 galletas. En el equipo de Laura hay cinco niñas y también se repartieron 3 galletas.

¿A quién le tocó más galleta, a Mario o a Laura?

¿Por qué?

5 El piso de una sala está cubierto por mosaicos cuadrados. A lo largo de la sala hay 83 mosaicos, a lo ancho hay 43 mosaicos. ¿Cuántos mosaicos cubren el piso de la sala?

6 Anota los números que corresponden a los puntos señalados con flechas.

Punto A:

Punto B:

Punto C:

Punto D:

B
0.52

A   C   D

0   1

7 Anota por lo menos tres características del siguiente sólido.

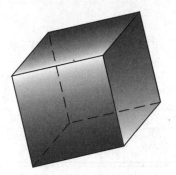

Primera:

Segunda:

Tercera:

8 Observa el siguiente dibujo y luego contesta:

¿Cuál es el peso de la caja expresado en gramos?

¿Cuál es el peso de la caja expresado en kilogramos?

9 Mide los siguientes ángulos con el material recortable 7 y anota debajo de cada uno su medida en grados.

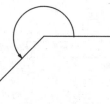

10 Observa la siguiente figura y contesta:
¿Qué figura es?

¿Cuánto mide cada lado de la figura?

¿Cuánto mide el perímetro de la figura?

¿Cuál es el área de la figura?

Marca con rojo dos lados paralelos y en azul dos lados perpendiculares.

19. JUEGOS Y ACTIVIDADES

• Observa el segmento AB. Está formado por dos partes, una mide $\frac{1}{2}$ de tira y la otra mide $\frac{1}{8}$ de tira.

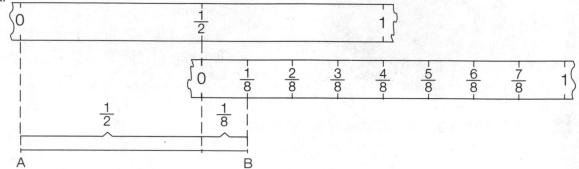

• Observa que la medida desde A hasta B es $\frac{5}{8}$ de tira.

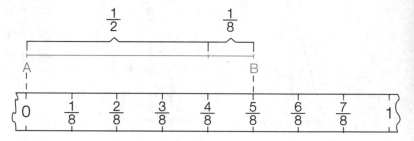

• Abajo de cada segmento hay tres medidas. Encierra en un círculo la que tú creas que sea correcta. Después utiliza las tiras del material recortable 10 para ver si acertaste.

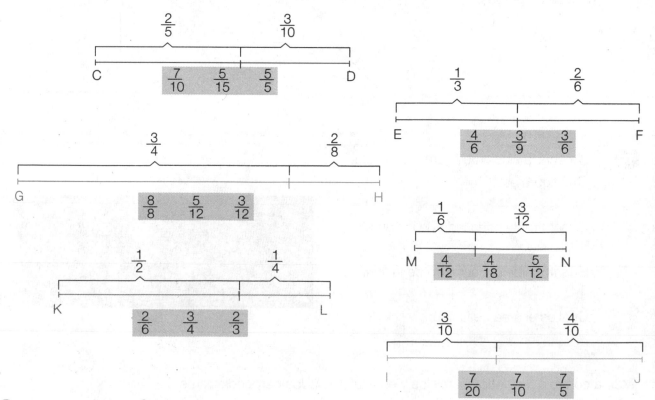

1. EL CENSO DE POBLACIÓN

Juan encontró en un libro que se llama *Censo de población de 1990* el número de habitantes de algunos municipios del estado de Puebla.

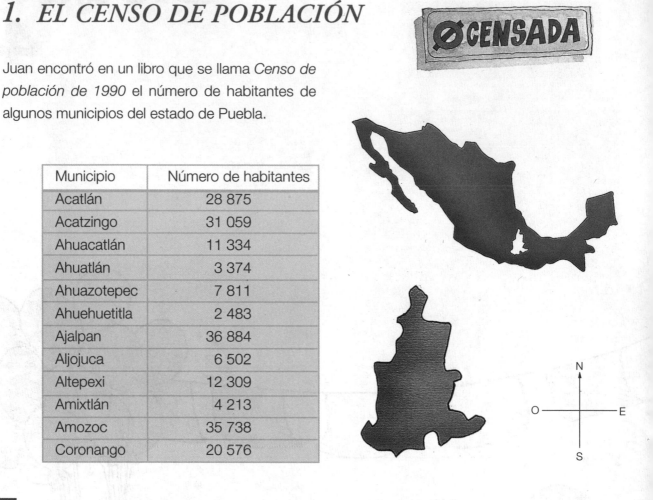

Municipio	Número de habitantes
Acatlán	28 875
Acatzingo	31 059
Ahuacatlán	11 334
Ahuatlán	3 374
Ahuazotepec	7 811
Ahuehuetitla	2 483
Ajalpan	36 884
Aljojuca	6 502
Altepexi	12 309
Amixtlán	4 213
Amozoc	35 738
Coronango	20 576

1 De acuerdo con la información que aparece en la tabla contesta lo siguiente:

¿Cuál es el municipio que tiene más habitantes?

¿Cuál es el municipio que tiene menos habitantes?

¿Cuál municipio tiene más habitantes, Amozoc o Acatzingo?

¿Cuántos más?

El número de habitantes de Aljojuca, ¿es mayor o es menor que el número de habitantes de Ahuazotepec?

¿Cuál municipio tiene aproximadamente el triple de los habitantes que tiene Amixtlán?

2 Escribe con letras el número de habitantes de los siguientes municipios:

Acatlán:

Altepexi:

Acatzingo:

Coronango:

3 Flor comenzó una gráfica con algunos datos del censo. Utilizó muñequitos para representar a los habitantes. Observa los datos de abajo y ayúdale a terminarla.

Municipio	Número de habitantes	
	Hombres	Mujeres
Acatlán	13 613	15 262
Acatzingo	15 414	15 645
Ajalpan	18 260	18 624
Altepexi	6 052	6 257
Coronango	10 306	10 270

Hombres

= 1 000
= 100
= 10
= 1

Mujeres

= 1 000
= 100
= 10
= 1

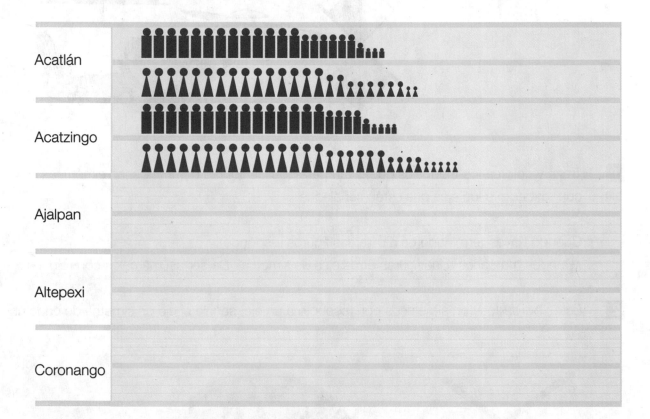

De los municipios que están representados en la tabla, ¿cuál tiene más mujeres, Ajalpan o Altepexi? _____ ¿Cuántas más? _____ ¿Cuál es el municipio que tiene más hombres que mujeres? _____

4 Elabora dos preguntas que se puedan responder con la información que hay en la tabla y escríbelas en tu cuaderno.

2. BORDADOS Y SIMETRÍA

Flor acompañó a su mamá a un taller de artesanías.
El artesano estaba pintando unas figuras
como las de la ilustración.

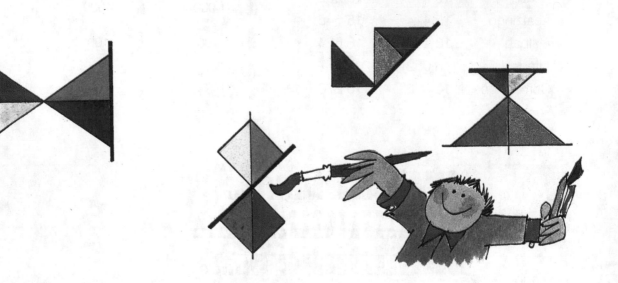

1 Traza y colorea los triángulos que faltan para que las figuras de arriba sean simétricas
con respecto a los ejes que están señalados. ·

Cuando hayas terminado de dibujar las figuras responde:
¿Puedes marcarles a las figuras otros ejes de simetría? De ser así márcalos con rojo.

2 Estos bordados son simétricos con respecto a un eje, señala el eje de simetría de cada uno.

Dibuja lo que haga falta para que algunos bordados de arriba tengan dos ejes de simetría.

3 Marca los ejes de simetría de las siguientes figuras, luego anota junto a cada una su número de ejes de simetría:

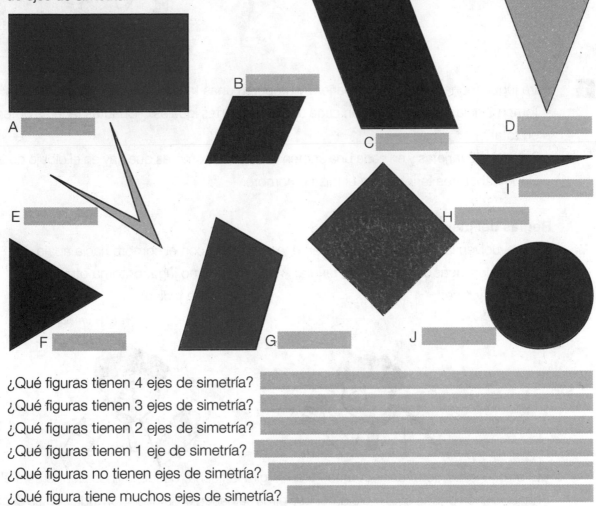

A

B

C

D

E

I

F

G

H

J

¿Qué figuras tienen 4 ejes de simetría?

¿Qué figuras tienen 3 ejes de simetría?

¿Qué figuras tienen 2 ejes de simetría?

¿Qué figuras tienen 1 eje de simetría?

¿Qué figuras no tienen ejes de simetría?

¿Qué figura tiene muchos ejes de simetría?

Comprueba tus respuestas utilizando el material recortable 11.

4 Dibuja tres figuras que encuentres en este libro, que cumplan con las siguientes características:

Que no tenga ejes de simetría.	Que tenga 1 eje de simetría.	Que tenga 2 ejes de simetría.

Compara tu trabajo con el de tus compañeros.

3. EL CAZADOR

1 Para jugar, reúnete con un compañero y preparen unas tarjetas de la siguiente manera:

- Tomen 3 hojas blancas y partan cada una en 16 partes iguales. ¿Cuántas tarjetas obtendrán en total?
- Separen 36 tarjetas y en cada una anoten uno de los nombres que hay en el dibujo de abajo. Debe haber tres tarjetas con el mismo nombre.

Reglas del juego

- Se revuelven las tarjetas y se colocan una sobre otra con el nombre hacia abajo.
- Uno de los jugadores toma una tarjeta, la voltea y dice:
- El mismo jugador toma otra tarjeta, la voltea y dice:

Veo un pato.

Ahora veo un elefante.

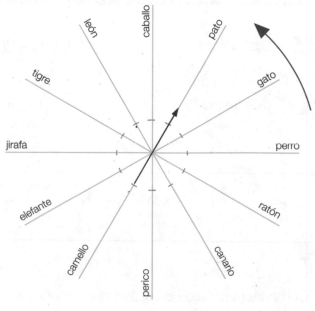

- El otro jugador debe decir cuántos grados gira la flecha, desde la línea donde está el pato hasta la línea donde está el elefante. Los giros se hacen en la dirección indicada en el dibujo.
- Para comprobar, utilicen el material recortable 9. La línea del cero se coloca, en este caso, sobre la línea donde está el pato.
  Si el jugador acierta, gana un punto.
- En el siguiente turno, le toca al otro jugador sacar las tarjetas.
- Después de 10 rondas, gana el jugador que obtenga más puntos.

Después de jugar, trata de resolver lo siguiente:

2 El dibujo de abajo es un reloj de pared. Obsérvalo para que puedas contestar las preguntas que vienen después.

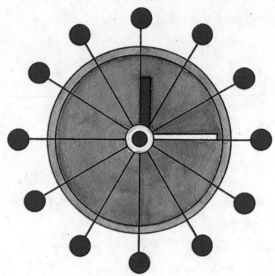

Una manecilla marcaba la una y llegó a las tres. ¿Cuántos grados giró?

Una manecilla marcaba las ocho y llegó a la una. ¿Cuántos grados giró?

Una manecilla marcaba las diez y giró 180 grados. ¿A qué número llegó?

Una manecilla marcaba las seis y giró $\frac{1}{4}$ de vuelta. ¿A qué número llegó?

3 Dibuja las dos manecillas de cada reloj para que el ángulo que se forme entre ellas mida:

90 grados   30 grados   120 grados

¿Cuántos grados mide el ángulo formado por la línea de las 3 y la línea de las 12?

¿Cuántos grados mide el ángulo formado por la línea de las 5 y la línea de las 11?

¿Cuántos grados mide el ángulo formado por la línea de las 7 y la línea de las 8?

Recuerda:

Los ángulos que miden $\frac{1}{4}$ de vuelta o 90 grados se llaman ángulos rectos.

4. ANIMALES QUE SALTAN

La pulga, el conejo y el canguro se desplazan por medio de saltos. El dibujo de abajo muestra que el canguro avanza una unidad en cada salto.

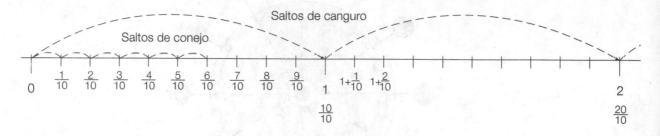

1 Observa el dibujo de arriba y contesta las siguientes preguntas:

El canguro sale del 0 y salta cinco veces.

¿A qué número llega?

El canguro salió del 0 y llegó al número 9.

¿Cuántos saltos dio?

¿Cuántas veces tiene que saltar el conejo para igualar un salto del canguro?

¿Cuánto avanza el conejo en cada salto?

El conejo salió de 0 y llegó a 1. ¿Cuántas veces saltó?

El conejo salió de $\frac{3}{10}$ y llegó a $1 + \frac{2}{10}$. ¿Cuántas veces saltó?

El conejo salió de 0 y saltó quince veces. ¿A qué número llegó?

Lee lo que dicen Flor, Rosa y Carmen:

Llegó a $\frac{15}{10}$.

Llegó a $\frac{16}{10}$.

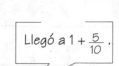

Llegó a $1 + \frac{5}{10}$.

¿Cuál de las tres niñas no tiene razón?

Comenta tu respuesta con tus compañeros y tu maestro.

2 En el dibujo se muestra la relación entre los saltos de los tres animales.

¿Cuántos saltos tiene que dar la pulga para igualar un salto del conejo? ____

¿Cuántos saltos tiene que dar la pulga para igualar un salto del canguro? ____

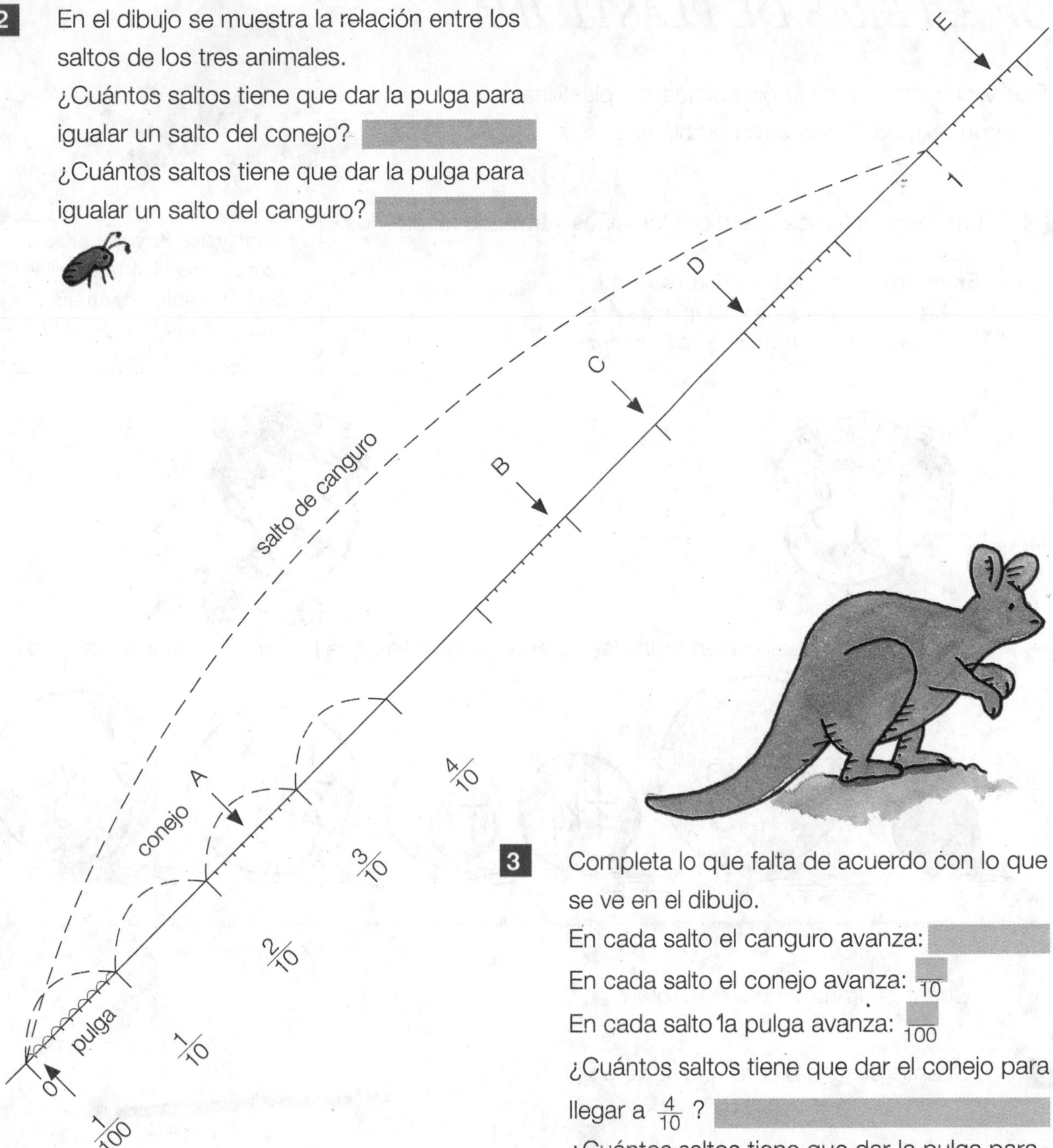

3 Completa lo que falta de acuerdo con lo que se ve en el dibujo.

En cada salto el canguro avanza: ____

En cada salto el conejo avanza: $\frac{\square}{10}$

En cada salto la pulga avanza: $\frac{\square}{100}$

¿Cuántos saltos tiene que dar el conejo para llegar a $\frac{4}{10}$? ____

¿Cuántos saltos tiene que dar la pulga para llegar al mismo lugar? ____

4 Anota los números que corresponden a los puntos señalados con letras.

A: $\frac{25}{100}$, o bien, $\frac{2}{10} + \frac{5}{100}$

B: $\frac{\square}{100}$, o bien, $\frac{\square}{10} + \frac{\square}{100}$

C: $\frac{\square}{100}$, o bien, $\frac{\square}{10}$

D: $\frac{\square}{100}$, o bien, $\frac{\square}{10} + \frac{\square}{100}$

E: $\frac{108}{100}$, o bien, $1 + \frac{\square}{10} + \frac{\square}{100}$, o bien, $1 + \frac{\square}{100}$

5. ESFERAS DE PLASTILINA

Flor y sus amigos hicieron esferas de plastilina,
pesaron objetos e inventaron problemas.

1 Lee los problemas que dicen los niños y trata de resolverlos.

> En mi grupo somos 32 niños, cada uno hizo tres esferas de 50 gramos. ¿Cuántas esferas hicimos entre todos?

> En mi grupo hay 8 equipos. Cada equipo hizo 12 esferas de 50 gramos cada una. ¿Cuántos gramos pesan en total las 12 esferas?

2 En el dibujo de abajo están todas las esferas de plastilina que hicieron los amigos de Flor.

¿Cuántos gramos pesan en total?

3 ¿Cuánto pesa la piedra que se ve en el dibujo?

En el dibujo se ve que la piedra pesa $\frac{1}{2}$ kg más $\frac{1}{2}$ kg.

$\frac{1}{2}$ kg más $\frac{1}{2}$ kg es igual a $\frac{2}{2}$ kg, o bien, 1 kg.

El resultado también se puede obtener con una suma de fracciones: $\frac{1}{2} + \frac{1}{2} = \frac{2}{2} = 1$

4 Observa las pesas que usó Juan para pesar la fruta.
¿Cuántas esferas de $\frac{1}{4}$ de kg pesan
lo mismo que una esfera de $\frac{1}{2}$ kg?

Si Juan usara sólo esferas de $\frac{1}{4}$ de kg,
¿cuántas tendría que poner en el platillo?

Usando la suma de fracciones se tiene:

$\frac{1}{2} + \frac{1}{4} =$

5 ¿Cuánto pesan los zapatos de Ramón?

Escribe la suma de fracciones que
corresponde a este problema:

6 La caja de gises pesa $\frac{1}{4}$ de kg más 100
gramos. ¿Cuántos gramos pesa en total
la caja de gises?

7 Juan y Ramón comparan el peso de la fruta
con el peso de los zapatos.
¿Qué pesa más?
¿Cuál esfera tienen que poner en el platillo
para que la balanza se equilibre?

Observa que:

Peso de los zapatos	más	peso de la esfera	es igual a	peso de la fruta
$\frac{2}{4}$	+	$\frac{1}{4}$	=	$\frac{3}{4}$

Peso de la fruta	menos	peso de los zapatos	es igual a	peso de la esfera
$\frac{3}{4}$	−	$\frac{2}{4}$	=	$\frac{1}{4}$

8 Juan cogió una esfera de $\frac{1}{4}$ de kg y la dividió para hacer dos esferas del mismo peso.
¿Cuánto crees que pesó cada una?

Practica:

$\frac{3}{8} + \frac{2}{8} =$ 　　　　$\frac{1}{4} + \frac{2}{4} =$ 　　　　$\frac{5}{8} - \frac{3}{8} =$

6. ACERCA DE LAS ALTURAS

Éstas son unas fotos del parque al que fueron Juan
y Ramón. Quieren saber cuál de los juegos a los
que se subieron tiene mayor altura.

Fotografías: Santiago Tassier

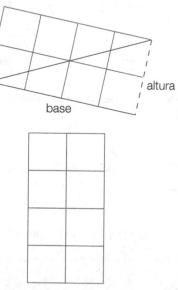

1 Señala con una línea la altura de cada juego. Luego comenta con tus compañeros cuál tendrá
mayor altura.

2 Al regresar del parque, Juan y Ramón tenían que hacer la siguiente tarea:

Trazar dentro de cada rectángulo un triángulo
que tenga la misma base y la misma altura,
pero con diferente forma.

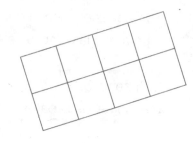

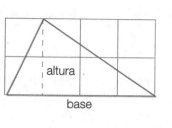

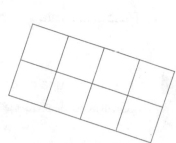

Ayuda a Juan y a Ramón a terminar la tarea. Utiliza tu escuadra.

Comprueba si la base y la altura de los 5 triángulos tienen la misma medida. Utiliza tu regla.

3 Dibuja triángulos que tengan 3 centímetros de altura.

Las líneas amarillas son las bases de los triángulos.

Señala la altura a partir del punto rojo.

4 La maestra pidió a Rosa y a Carmen marcar la altura de un triángulo:

¡Y yo así! A lo mejor la hicimos mal.

Mira cómo hice la tarea: marqué así la altura del triángulo.

Las dos están bien porque los triángulos tienen 3 alturas y las podemos encontrar con la escuadra.

5 Señala las 3 alturas de cada uno de los triángulos siguientes.

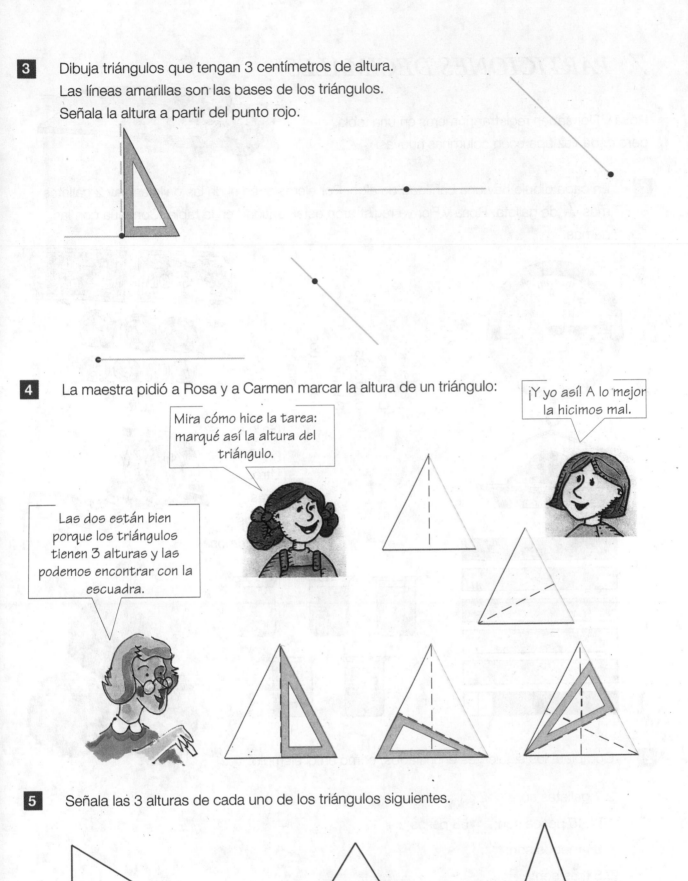

139

7. PARTICIONES DECIMALES

Rosa y Flor saben registrar números en una tabla, pero cada vez aparecen columnas nuevas.

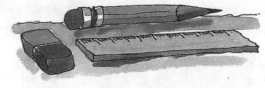

1 En cada dibujo hay una cantidad de algo. Por ejemplo, en el de las galletas hay 2 galletas más $\frac{7}{10}$ de galleta. Rosa y Flor ya registraron esta cantidad en la tabla. Continúa con las demás.

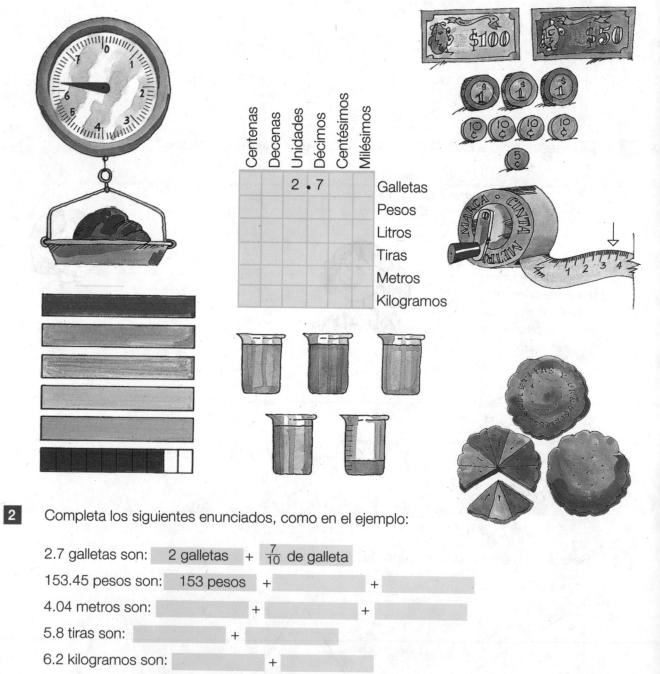

Centenas	Decenas	Unidades	Décimos	Centésimos	Milésimos	
		2 .	7			Galletas
						Pesos
						Litros
						Tiras
						Metros
						Kilogramos

2 Completa los siguientes enunciados, como en el ejemplo:

2.7 galletas son: 2 galletas   + $\frac{7}{10}$ de galleta

153.45 pesos son: 153 pesos   + ＿＿＿＿＿   + ＿＿＿＿＿

4.04 metros son: ＿＿＿＿＿   + ＿＿＿＿＿   + ＿＿＿＿＿

5.8 tiras son: ＿＿＿＿＿   + ＿＿＿＿＿

6.2 kilogramos son: ＿＿＿＿＿   + ＿＿＿＿＿

4.3 litros son: ＿＿＿＿＿   + ＿＿＿＿＿

3 ¿Recuerdas la lección que se llama *Animales que saltan*? ¿En qué página está?

Los puntos señalados con flechas en el dibujo de esta página indican dónde se paró a descansar la pulga. Anota los números que corresponden y cómo se leen.

A: $\frac{9}{100}$, o bien, 0.09   nueve centésimos

B: $\frac{}{10}$, o bien, 0.2

C: $\frac{}{}$, o bien,

D: $\frac{}{}$, o bien,

E: $\frac{}{}$, o bien,

1.23

1.2

E

1

0.9

canguro

D

conejo

C

B

0.3

A

pulga

0.1

0

0.01

4 El conejo avanzó hasta 0.4 y la pulga hasta 0.34, ¿cuál llegó más lejos del 0?

5 La pulga y el conejo salieron de 0. La pulga llegó a 0.60 y el conejo llegó a 0.6, ¿cuál llegó más lejos?

6 La pulga hizo un recorrido en dos etapas. En la primera etapa avanzó 1.1, en la segunda etapa avanzó 0.05, ¿cuánto avanzó en las dos etapas?

Observa lo siguiente para que compares tu resultado:

$$\begin{array}{r} 1.1 \\ + \underline{0.05} \\ 1.15 \end{array}$$

7 La pulga se paró a descansar en el punto 1.08 y quiere llegar a 1.2, ¿cuánto le falta?

8. EL LUGAR DEL TESORO

En un palacio muy antiguo se encontraron algunos documentos del rey que vivió ahí.

 Uno de los documentos dice:

> *El tesoro está enterrado a 4 metros del pozo, a 3 metros del árbol, a 2.5 metros de la estatua, y a 3 metros de la fuente.*

Utiliza tu compás y encuentra el punto donde puede estar el tesoro, luego coloréalo de azul. Cada centímetro del dibujo representa un metro.

2 Otro documento dice lo siguiente:

> - *Quiero que en el jardín pongan otra fuente en forma de círculo. Debe haber 3 metros del centro a la orilla de la fuente.*
> - *Quiero que alrededor de la fuente pongan una franja de violetas de un metro de ancho.*
> - *Después de las violetas pongan una franja de rosas que tenga medio metro de ancho.*
>
> *El rey*

Dibuja lo que pidió el rey. No olvides que un centímetro del dibujo representa un metro.

3 El piso del palacio tenía figuras como las de la ilustración. Termina de trazar los círculos con tu compás y coloréalos para formar una figura.

4 Esta figura adornaba las columnas del palacio. Utiliza tu compás para reproducirla en el espacio en blanco. Discute con un compañero cómo hacerlo.

5 Organícense en equipo y en el patio de la escuela hagan círculos como en el dibujo; utilícenlos para realizar algún juego que conozcan.

9. DATOS INTERESANTES

A los niños del salón de Rosa y de Flor les regalaron una colección de libros que se llama *Preguntas y Respuestas*. Allí encontraron muchos datos como los que se muestran en esta página.

Lee con atención lo que hay en cada rectángulo y después trata de resolver los problemas de la siguiente página.

La entrevía es la distancia que hay entre los rieles de una vía de ferrocarril. La entrevía normal mide 1.435 metros.

El cerebro de un humano adulto pesa alrededor de 1.4 kilogramos.

En 1992, en el campeonato mundial de Tokio, Mike Powell saltó 8.95 metros de longitud.

En el aire, el sonido viaja a 340 metros cada segundo. En el agua la velocidad del sonido es 4.5 veces superior.

El avestruz es el ave más alta. Mide 2.5 metros.

Los dientes de sierra del gran tiburón blanco pueden medir hasta 7.5 centímetros de largo.

Los mayores murciélagos se llaman zorros voladores. Sus alas extendidas pueden alcanzar 1.5 metros de longitud.

$\frac{7}{10}$ del total de la superficie de la Tierra están cubiertos por agua y hielo.

1 Mike Powell saltó más de 8 metros y menos de 9 metros. ¿Cuánto le faltó para saltar 9 metros?

2 En la siguiente recta se anota el peso del cerebro de un humano adulto en kilogramos. ¿Cuántos gramos pesa el cerebro de un humano adulto?

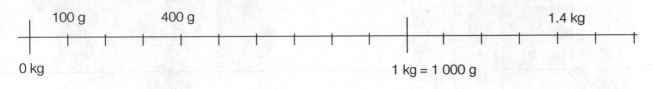

100 g   400 g   1.4 kg

0 kg   1 kg = 1 000 g

3 ¿Qué crees que mide más, la medida normal de la entrevía o las alas extendidas de un zorro volador?

Para que compruebes tu respuesta, reúnete con tu equipo y tracen en el piso dos líneas rectas, una igual a la medida normal de la entrevía y otra igual a la medida de las alas extendidas de un zorro volador.

¿Cuál mide más?

4 El cuadro de la derecha representa la superficie de la Tierra. Colorea en azul la parte que corresponde al agua y al hielo.

5 Usa el dibujo de abajo para calcular cuántos metros por segundo viaja el sonido en el agua.

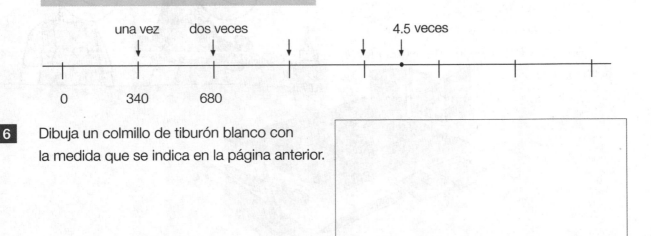

una vez   dos veces   4.5 veces

0   340   680

6 Dibuja un colmillo de tiburón blanco con la medida que se indica en la página anterior.

7 ¿Cuántos metros y cuántos centímetros mide de altura el avestruz?
¡Cuidado!, no son 2 metros y 5 centímetros.

10. CUBOS Y CONSTRUCCIONES

Flor y Ramón construyeron unos edificios con cubos de cartón.

Observa la ilustración y contesta:

1 ¿Cuántos cubos se necesitan para construir el edificio azul?

¿Cuántos se necesitan para construir el edificio blanco?

¿Cuántos se necesitan para construir el edificio verde?

¿Cuántas caras cuadradas se necesitan para formar un cubo?

2 Utiliza los cuadrados blancos del material recortable 12 y construye un cubo; organízate con un compañero para decidir cómo hacerlo.

Necesitan tijeras y pegamento.

Fíjense cómo lo están haciendo Flor y Ramón:

3 Organízate con tu grupo. Verifiquen si sus respuestas al ejercicio 1 son correctas, haciendo los edificios con los cubos que construyeron.

4 Flor utilizó todos sus cubos para hacer las cinco construcciones que aparecen en la ilustración. ¿Cuántos cubos tenía Flor en total? ¡Cuidado al responder, porque algunos cubos están ocultos!

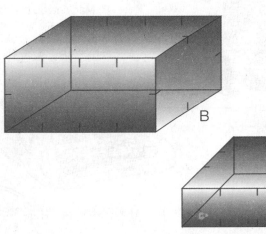

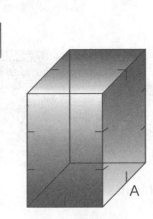

Verifica tus respuestas haciendo las construcciones con cubos.
Organízate con tu grupo para hacerlas.

5 Ramón tiene 16 cubos iguales al cubo azul, ¿en cuál de las siguientes cajas caben todos?

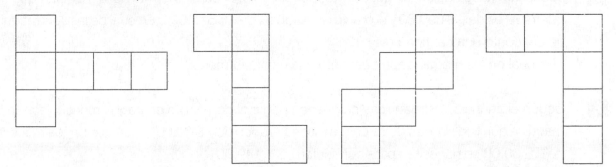

A

B

C

6 Pon una cruz a las plantillas con las que crees que se puede construir un cubo.

Utiliza las plantillas del material recortable 12, trata de armarlas e investiga si acertaste.

11. LA MÁQUINA DE ESCRIBIR

Los padres de familia de la escuela de Juan organizaron una rifa porque quieren comprar una máquina de escribir para la escuela.

La directora consiguió un catálogo en el que se anuncian estas máquinas:

E) Máquina de escribir, escritura tipo elite, mando encolumnador.
De $ 999.00 a $ 749.00
Mensual $ 40.00

D) Máquina de escribir con estuche, carrocería metálica.
De $ 589.00 a $ 439.00
Mensual $ 30.00

F) Máquina de escribir electrónica, memoria para corrección y anulación de palabras automático.
De $ 1 249.00 a $ 949.00
Mensual $ 50.00

C) Máquina de escribir, electrónica, memoria de revisión de textos.
De $ 1 499.00 a $ 1 149.00
Mensual $ 60.00

B) Máquina de escribir portátil, con estuche.
De $ 539.00 a $ 399.00
Mensual $ 20.00

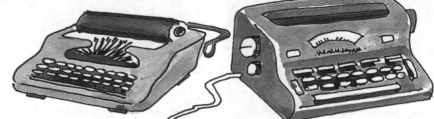

A) Máquina de escribir, rodillo de 24.7 cm.
De $ 699.00 a $ 519.00
Mensual $ 30.00

Utiliza la información del catálogo para resolver los siguientes problemas:

1 Todas las máquinas tienen descuento; por ejemplo, el precio normal de la máquina que tiene la letra **A**, es de $ 699.00 y el precio rebajado es de $ 519.00. ¿En cuál de las seis máquinas se descontó una cantidad mayor?

¿En cuál de las máquinas se descontó una cantidad menor?

2 Según el anuncio, las máquinas se pueden pagar al contado o en pagos mensuales. En la máquina que tiene la letra **C**, los pagos mensuales son de $ 60.00. ¿Cuántos pagos mensuales de $ 60.00 se necesitan para completar $ 1 149.00?

¿De cuánto sería el último pago?

3   Completa la siguiente tabla:

Tipo de máquina	Costo rebajado	Pago mensual	Número de mensualidades
A	$ 519	$ 30	17 de $ 30 y una de $ 9
B			
C			
D			
E			
F			

4   Para comprar la máquina **C**, los padres de familia van a rifar una grabadora que costó $ 200.00. Si venden cada boleto a $ 20.00, ¿cuántos boletos necesitan vender para recuperar el costo de la grabadora y obtener el dinero para la máquina?

Si el precio de cada boleto fuera $ 10.00, ¿cuántos boletos necesitarían vender?

¿Cuántos boletos tendrían que vender si el precio de cada boleto fuera $ 5.00?

¿Cuántos boletos tendrían que vender si el precio de cada boleto fuera $ 15.00?

5   Completa la siguiente tabla. En cada renglón tú eliges el precio de un boleto.

Tipo de máquina	Precio rebajado	Precio de la grabadora	Total	Precio de un boleto	Cantidad de boletos
A	$ 519.00	$ 200.00	$ 719.00	$ 10.00	72
B					
C					
D					
E					
F					

12. LA CARRERA DEL TESORO

En la fiesta de la escuela van a organizar una "Carrera del tesoro". Los ganadores serán quienes lleguen primero a la meta con 4 paquetes que deben recoger en el camino.

1   Lee las instrucciones y el plano que les van a dar a los participantes. Luego marca los puntos donde se encuentran los paquetes que deben recoger. Para encontrar los paquetes, siempre hay que contar a partir del cruce del *Camino Viejo* y la *Avenida Leones*.

- PRIMER PAQUETE: Caminar tres calles hacia el este. Al llegar a este punto, caminar una calle hacia el norte.
- SEGUNDO PAQUETE: Ubicarlo a cinco calles al este del *Camino Viejo* y una calle al norte de la *Avenida Leones*.
- TERCER PAQUETE: Llegar a un punto ubicado a siete calles al este del *Camino Viejo* y dos calles al norte de la *Avenida Leones*.
- CUARTO PAQUETE: Encontrarlo a seis calles al este del *Camino Viejo* y tres calles al norte de la *Avenida Leones*.
- META: Encontràrla a cero calles al este del *Camino Viejo* y tres calles al norte de la *Avenida Leones*.

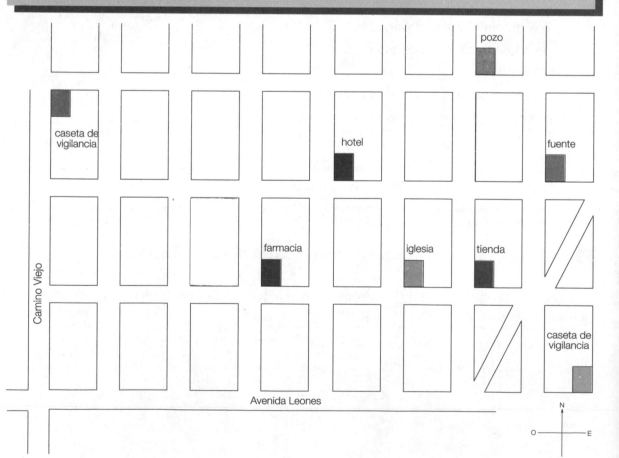

S

2 Observa nuevamente el plano y contesta lo siguiente:

¿Qué lugares están 6 calles al este del Camino Viejo? _____

¿Qué lugares están 2 calles al norte de la Avenida Leones? _____

¿Qué lugar está 8 calles al este del Camino Viejo y 0 calles al norte de la Avenida Leones?

_____

¿Qué lugar está 0 calles al este del Camino Viejo y 3 calles al norte de la Avenida Leones?

_____

3 Para contestar lo siguiente, toma en cuenta que cada centímetro que midas en el plano de la página anterior representará 10 metros.

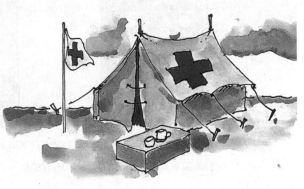

Cien metros al este del Camino Viejo y 60 metros al norte de la Avenida Leones se va a poner un puesto de socorro. Marca con rojo el lugar donde pondrán el puesto de socorro.

4 Marca sobre el plano un trayecto que les convenga seguir a los participantes para recoger los cuatro paquetes y llegar rápido a la META.

Describe el trayecto que marcaste:

_____

_____

_____

_____

5 Haz un mensaje para describir un trayecto y dáselo a un compañero para que lo marque en el plano:

_____

_____

_____

_____

Marca en el plano el trayecto que describa tu compañero.

13. JUEGO CON CANICAS

Rosa y Carmen juegan con canicas de colores porque
les gusta adivinar el color de la canica que va a salir.

 Observa cómo juegan. Ellas colocan
en tres cajas las siguientes cantidades de canicas:

Caja **A**

Caja **B**

Caja **C**

Agitan las cajas y con los ojos cerrados sacan una canica de la caja que quieran. Gana la que
adivine el color de la canica que va a salir.

Rosa quiere que le salga una canica negra. ¿De cuál caja le conviene sacar la canica?
¿Por qué?
¿De dónde es más fácil que salga una canica blanca, de la caja **B** o de la caja **C**?
¿Por qué?
Carmen quiere que le salga una canica blanca. ¿De cuál caja le conviene sacar la canica?
¿Por qué?

2 Observa lo que dicen Rosa y Carmen.

Es más probable sacar una canica negra de
la caja **C** que de la caja **A**, porque en la
caja **C** hay más canicas negras que blancas.

Es más probable obtener una canica
blanca de la caja **A** que de la caja **B**,
porque en la caja **A** hay más canicas
blancas que negras.

Reúnete con un compañero y comenten si es correcto lo que dicen Rosa y Carmen.

3 Observa las siguientes ilustraciones y luego responde las preguntas de abajo.

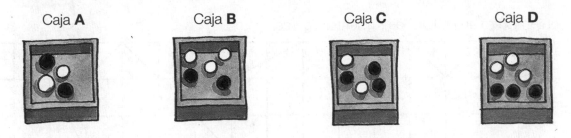

Caja **A** Caja **B** Caja **C** Caja **D**

Si se agitan las cajas y se saca una canica con los ojos cerrados, ¿de cuál caja es más probable obtener una canica negra?

¿De cuál caja es más probable obtener una canica blanca, de la caja **A** o de la caja **B**?

¿De cuál caja es más probable obtener una canica blanca, de la caja **B** o de la caja **D**?

¿Es igualmente probable obtener una canica blanca de la caja **A** y de la caja **D**? ¿Por qué?

4 Observa las siguientes ilustraciones, luego contesta.

Caja **A** Caja **B**

 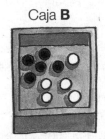

Si se agitan las cajas y se saca una canica con los ojos cerrados, ¿de cuál caja es más probable que salga una canica blanca?

Reúnete con dos compañeros y comenten lo que dicen Rosa y Carmen, luego respondan la pregunta de abajo.

> Es más probable sacar una canica blanca de la caja **B**, porque hay más canicas blancas que en la caja **A**.

> Es más probable sacar una canica blanca de la caja **A**, porque ahí hay más canicas blancas que negras.

¿Quién de las dos niñas tiene razón?

153

14. LA MITAD DE UN RECTÁNGULO

Ramón encontró en un libro las siguientes figuras:

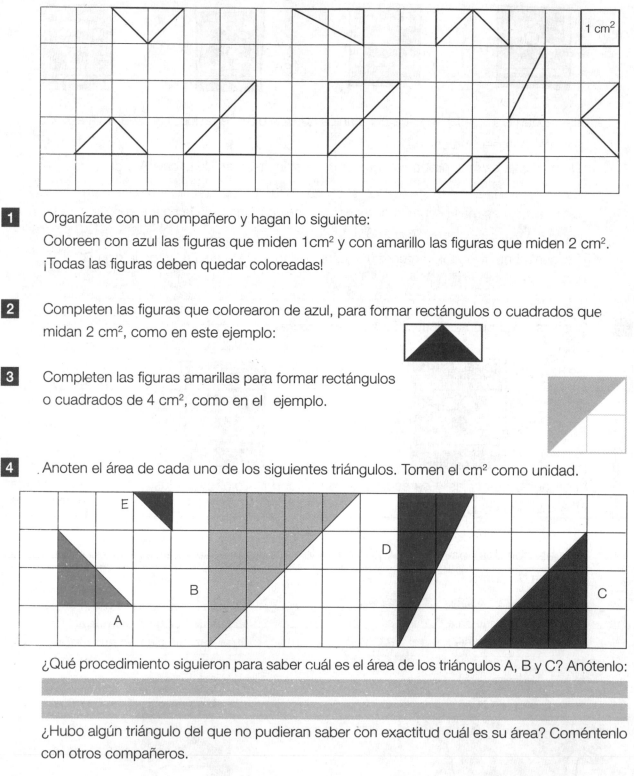

1cm²

1 Organízate con un compañero y hagan lo siguiente:

Coloreen con azul las figuras que miden 1cm² y con amarillo las figuras que miden 2 cm².
¡Todas las figuras deben quedar coloreadas!

2 Completen las figuras que colorearon de azul, para formar rectángulos o cuadrados que midan 2 cm², como en este ejemplo:

3 Completen las figuras amarillas para formar rectángulos o cuadrados de 4 cm², como en el ejemplo.

4 Anoten el área de cada uno de los siguientes triángulos. Tomen el cm² como unidad.

¿Qué procedimiento siguieron para saber cuál es el área de los triángulos A, B y C? Anótenlo:

¿Hubo algún triángulo del que no pudieran saber con exactitud cuál es su área? Coméntenlo con otros compañeros.

5 Completen los triángulos, para formar cuadrados o rectángulos del mismo color del triángulo.

6 Anota cuál es el área de los cuadrados y los rectángulos que acabas de completar.

Compara el área de los triángulos y los rectángulos que son del mismo color. ¿Qué observas? Coméntalo con tus compañeros y tu maestro.

Juan dijo:

> El triángulo verde es la mitad del cuadrado verde... El triángulo amarillo es la mitad del cuadrado amarillo.

¿Es cierto lo que dijo Juan?

7 Lee lo que dicen las niñas:

> ¡Quería saber si este triángulo mide la mitad del rectángulo, pero no puedo contar bien los cuadritos!

> ¡Eso no importa, hay otra forma de averiguarlo sin necesidad de contar los cuadritos; recortando los triángulos y poniéndolos uno encima del otro!

Utiliza el procedimiento que dijo Rosa para saber si el triángulo rojo es la mitad del rectángulo del mismo color. Usa el rectángulo cuadriculado del material recortable 14.

Utiliza los triángulos del material recortable 13 y cubre con ellos los siguientes rectángulos.

¿Con cuántos triángulos cubriste cada uno de los rectángulos?

> Estos triángulos son la mitad de cada uno de los rectángulos.

¿Es cierto lo que dice Ramón?

Coméntalo con tus compañeros.

15. LECCIÓN DE REPASO

1 Escribe con palabras los siguientes números y después ordénalos de menor a mayor.

34 856 _____

34 027 _____

35 000 _____

34 866 _____

_____ < _____ < _____ < _____

2 Observa las figuras y las características que están abajo a la izquierda. Si la figura cumple con una característica, ponle una palomita. Si cumple con dos características, ponle dos palomitas. Si cumple con tres, ponle ¡tres palomitas!

Tiene lados rectos.

Tiene cuatro ejes de simetría.

Tiene todos sus lados iguales.

Dos de sus ángulos miden menos de 90 grados.

• Colorea en azul la figura que tiene tres palomitas.

• Colorea en rojo las figuras que tienen dos palomitas.

3 Anota cuántos grados mide cada uno de los siguientes ángulos. Utiliza el material recortable 9.

4 Completa las cantidades que faltan en las siguientes tablas.

Cantidad de melones	Costo
2	$ 5.00
4	
8	
10	
3	

Paquetes de huevo	Cantidad de huevos
1	12
2	
	72
15	

5 Anota el peso de la carne y el peso de la fruta.

La carne pesa:

La fruta pesa:

6 Los lados azules son las bases de tres triángulos. Dibuja los triángulos con las alturas que se indican.

altura: 2.5 cm   altura: 3 cm   altura: 2 cm

7 El ancho de este libro de matemáticas mide más de 20 cm y menos de 21 cm . ¿Cuánto crees que mide?

8 En la siguiente tabla aparecen las cantidades de autos que hay en algunas ciudades. Anota en la columna de la derecha las cantidades que faltan.

Ciudad	Cantidad representada con dibujos	Cantidad con números
Chilpancingo		12 350
Aguascalientes		
Tepic		

9 Calcula el área de cada triángulo usando como unidad un cuadrito.

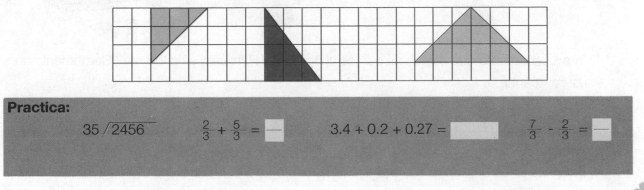

Practica:

$35\overline{)2456}$ $\frac{2}{3} + \frac{5}{3} =$ ☐ $3.4 + 0.2 + 0.27 =$ ☐ $\frac{7}{3} - \frac{2}{3} =$ ☐

16. JUEGOS Y ACTIVIDADES

Encuentra y colorea de amarillo los triángulos blancos que ocupan la mitad de la superficie de los mosaicos.

Para saber cuáles triángulos ocupan la mitad de la superficie de los mosaicos, trabaja con un compañero. Utilicen tijeras y el material recortable 14 y sigan el procedimiento que ustedes quieran.

Cuando hayan terminado, contesten: ¿Cuántos triángulos blancos ocupan la mitad de la superficie del mosaico?

Juan y Ramón siguieron este procedimiento para encontrar los triángulos que ocupan la mitad de la superficie del mosaico:

¿El procedimiento que usaron se parece al de Juan y Ramón o es diferente? Coméntenlo con sus compañeros.

Ramón dijo: "Si el mosaico se divide en dos triángulos iguales, cada triángulo es la mitad de un mosaico"

¿Estás de acuerdo con lo que dijo Ramón? Coméntalo con tus compañeros y tu maestro.

Bloque 5

1. ALGO SOBRE LOS ANIMALES

En una enciclopedia, Sonia encontró datos sobre los animales.

1 m

chihuahua

terrier
22 cm

salchicha

1 ¿Cuánto medirá el perro chihuahua si mide 6 cm menos que el terrier?

¿Cuánto medirá el perro salchicha si mide 4 cm más que el terrier?

¿Cuántos centímetros más de altura mide el danés que el chihuahua?

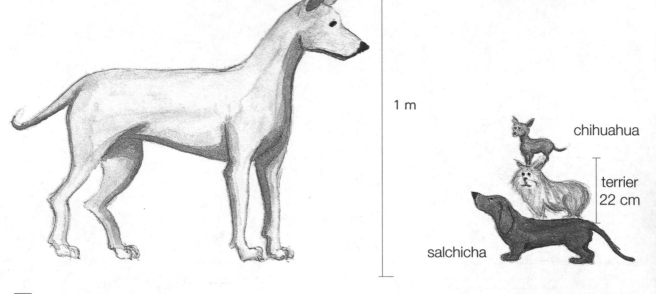

2 El gorila de la montaña acostumbra caminar con las piernas flexionadas, en esa posición mide 1.75 m. Con las piernas extendidas aumenta su estatura en 0.25 metros.
La jirafa mide hasta 8.5 metros de altura.

¿Cuál es la diferencia entre la altura de la jirafa y la del gorila con las piernas flexionadas?

¿Cuál es la diferencia entre la altura de la jirafa y la que alcanza el gorila con las piernas extendidas?

3 El animal más grande que existe es la hembra adulta de la ballena azul. Con sus 120 000 kilos pesa aproximadamente lo mismo que 20 elefantes ó 30 hipopótamos ó 40 rinocerontes.

¿Cuánto pesará aproximadamente un elefante?

¿Y un hipopótamo?

¿Y un rinoceronte?

Cuando es adulta, la ballena azul mide 33 metros de largo. Consume diariamente, en pequeños crustáceos y algas, el peso de un hipopótamo.

¿Cuántos kilos de algas y crustáceos come diariamente la ballena?

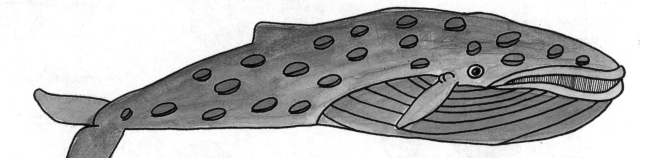

4 El cachorro de la ballena azul pesa al nacer aproximadamente 2 000 kilos y tiene 7 metros de largo. La madre lo amamanta y el pequeño engorda cada día 200 kilos y crece 3 centímetros.

Si todos los días el cachorro aumenta lo mismo:
¿cuántos kilos aumentará en 4 meses?

¿Cuánto pesará en 6 meses?

¿Cuántos centímetros crecerá en 5 meses?

Si un cachorro de ballena azul mide 12 metros, ¿qué edad tendrá aproximadamente?

5 Inventa un problema que se pueda resolver con los datos que hay en esta lección. Dáselo a un compañero para que lo resuelva. Tú resuelve el que invente otro compañero.

Problema:

2. DE CUATRO LADOS

1 Recorta las tarjetas del material recortable 15 y organízate para jugar en equipo. Las tarjetas con las características se ponen al centro de la mesa con el texto hacia abajo. Cada quién conserva sus tarjetas con figuras.

Fíjense cómo juegan Sonia y sus amigos.

Cuando se hayan terminado las tarjetas, lee otro compañero y empieza nuevamente el juego.
¡Gana el juego quien no se equivoque ni una sola vez!

2 Haz con popotes o con tiras de papel las figuras que se indican, luego trázalas y anota su nombre.

Tiene 4 lados iguales. No tiene ángulos rectos.

Tiene 2 lados chicos iguales y 2 lados grandes iguales. Tiene 4 ángulos rectos.

Nombre de la figura: _____   Nombre de la figura: _____

3 Completa la tabla, como en el ejemplo:

	Todos sus lados son iguales	Tiene dos pares de lados paralelos	Tiene ángulos rectos	Número de ejes de simetría
cuadrado	sí	sí	sí	4
rombo				
rectángulo				
paralelogramo				
trapecio rectángulo				
trapecio				

4 Responde las siguientes preguntas:

¿Cuáles cuadriláteros tienen 4 lados iguales?

¿Cuáles tienen 4 ángulos rectos?

¿Cuáles tienen lados opuestos paralelos?

¿Cuáles tienen 2 ejes de simetría?

5 Haz un mensaje para decir a un compañero que trace una figura como la siguiente:

Compara tu trabajo con el de tus compañeros.

3. EL MATERIAL ESCOLAR

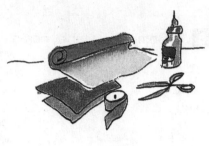

La maestra Lupe pidió a los niños algunos
materiales que fueron utilizados por todo el grupo.
Esta es la lista de materiales que pidió a cada niño:

> 5 pliegos de cartoncillo
>
> 2 paquetes de 100 hojas tamaño carta
>
> 20 corcholatas azules, 15 rojas, 10 amarillas y 5 verdes
>
> 3 metros de cinta celofán de la que se usa para los regalos
>
> 1 periódico.

1 En el grupo de Sonia hay 32 alumnos y todos cumplieron con el material que les tocó.

¿Cuántos pliegos de cartoncillo se reunieron en total?

¿Cuántas hojas tamaño carta?

¿Cuántas corcholatas se reunieron en total?

¿Cuántos metros de cinta celofán?

La mitad de los periódicos reunidos se usó para buscar información para los problemas.
¿Cuántos periódicos se usaron para los problemas?

La cuarta parte de los periódicos reunidos se usó para recortar. ¿Cuántos periódicos se usaron para recortar?

El resto de los periódicos obtenidos se usó para hacer piñatas. ¿Cuántos periódicos se usaron para las piñatas?

Compara tus resultados con los de otros compañeros.

2 En uno de los periódicos apareció este anuncio:

La mamá de Raúl compró un frasco de cada
tamaño. ¿Cuánto pagó?

¿Cuánto le devolvieron de cambio a la mamá
de Raúl si pagó con un billete de $ 50.00?

¿Qué conviene más, comprar un frasco de
640 gramos o dos frascos de 320 gramos?

3 En otro periódico apareció este anuncio. Busca la información que necesitas para contestar las preguntas.

¿En qué fecha se celebró el sorteo?

¿Cuántos ganadores hubo para el quinto lugar?

¿Cuánto le tocó de premio a cada ganador del quinto lugar?

Anota con palabras la cantidad que obtuvo cada uno de los ganadores del cuarto lugar:

Jaime participó en este sorteo con dos boletos, en uno quedó en cuarto lugar y en el otro quedó en quinto lugar. ¿Cuánto ganó en total?

¿Cuánto pagó Jaime por los dos boletos?

¿Cuántos ganadores hubo en total en este sorteo?

4. PRECIOS Y DECIMALES

Este anuncio apareció en un periódico de la ciudad de México.

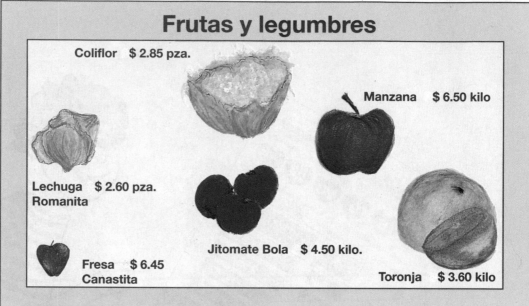

Comenta con tus compañeros qué productos son los que se anuncian.

Cuando Raúl y Jaime vieron el anuncio dijeron:

¡Sí, está más cara que la lechuga, que cuesta dos pesos con sesenta centavos!¡Pero está más barata que el jitomate, que cuesta cuatro pesos con cincuenta centavos!

¡Mira, la coliflor cuesta dos pesos con ochenta y cinco centavos!

1 Anota con números los precios que dijeron Raúl y Jaime:

Anota, con palabras los precios de los siguientes productos:

fresa:

toronja:

manzana:

2 Sonia y Yoatzin no se ponen de acuerdo en el precio de la manzana.
¿Quién crees que tiene razón?

Coméntalo con tus compañeros y con tu maestro.

Para escribir seis pesos con cinco centavos, el cinco debe estar en lugar de los centésimos. Así: $ 6.05

3 Utiliza el material recortable 16 y representa con él lo que se tiene que pagar por los productos del anuncio.

4 Fíjate en los precios de la página anterior y completa los datos que faltan en el cuadro siguiente:

1 kg de toronjas	$ 3.60	Tres pesos, sesenta centavos.
	$ 6.45	
1 kg de manzanas		
1 lechuga		

5 Observa los precios y contesta:
¿Qué es más cara, la coliflor o la lechuga?
¿Qué es más cara, la fresa o la manzana?

6 Jaime tiene estas monedas, va a cambiarlas por pesos.

¿Con cuántas monedas de 10 centavos se completa un peso?
¿Cuántos pesos le darán a Jaime por sus monedas?

7 En tiempos de nuestros bisabuelos había monedas de 1 centavo. Eran como ésta:
¿Cuántas monedas de un centavo se cambiaban por una moneda de 5 centavos?
¿Cuántas monedas de un centavo se cambiaban por una moneda de 10 centavos?
¿Cuántas monedas de un centavo se cambiaban por una moneda de 1 peso?

5. COMBINACIONES

En la escuela de Flor están preparando el festival de fin de año.
Los niños ensayan bailables y hacen trabajos manuales.

Trabaja con un compañero y contesten las siguientes preguntas.
Utilicen el procedimiento que quieran.

1 Estos son los niños y las niñas que van a salir en un bailable:

Rosa dijo: "Yo puedo formar pareja con Ramón, con Juan, con Daniel o con Tomás". ¿De cuántas maneras distintas se pueden formar parejas entre un niño y una niña?

2 Para las faldas de las niñas hay estos colores de tela:

Para las blusas hay estos colores:

¿De cuántas maneras distintas pueden combinar los colores para las blusas y las faldas?

Flor dijo: "¡Podemos combinar de 12 maneras distintas los colores para las blusas y las faldas!"
¿Tu respuesta es igual o es diferente a la de Flor?
Si tu respuesta es diferente a la de Flor, ¿quién crees que tiene razón, ella o tú?
Coméntalo con tus compañeros y tu maestro.

3 Las niñas del salón de Flor van a hacer muñecas con pelo de estambre y un moño de listón.

Tienen estos colores de estambre para hacer el pelo:

Tienen estos colores de listón para hacer los moños:

¿De cuántas maneras diferentes pueden combinar los colores de estambre y de listón para hacer las muñecas? _____

4 Los niños van a hacer unos payasos.

Van a utilizar estas telas para los pantalones:

Para los sacos van a utilizar estas telas:

Los niños pueden combinar de 15 maneras distintas la tela para los sacos y los pantalones ¡Encuéntralas!

5 Laura y Tomás resolvieron este problema: Lety tiene 5 faldas y 4 blusas, ¿de cuántas maneras distintas se puede vestir Lety? Para hacerlo, utilizaron estos procedimientos:

4 formas de vestirse y sobra una falda.
Laura

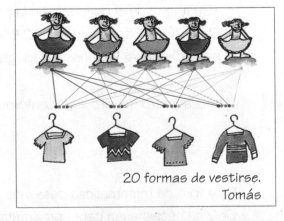

20 formas de vestirse.
Tomás

¿Quién o quiénes obtuvieron una respuesta correcta? _____

El procedimiento que tú utilizaste, ¿es como alguno de éstos? ¿Es diferente?

Coméntalo con tus compañeros y tu maestro.

6. LA POLILLA INDISCRETA

En el número 353 del periódico *La Jornada Niños*,
del 11 de diciembre de 1993, apareció la siguiente información:

> El libro más grande del mundo
> es el Super libro,
> que mide 2.74 metros de ancho
> por 3.07 metros de largo.
> Pesa 252.6 kilogramos
> y tiene 300 páginas.
> Se publicó en Estados Unidos
> en 1976.

> El libro más pequeño que se
> haya puesto a la venta pesa 2
> gramos y mide 1 milímetro
> cuadrado. Se trata del cuento
> infantil "Old King Cole" que se
> publicó en Escocia en 1985.
> Este libro sólo tiene cuatro
> páginas.

> El diccionario más grande del mundo es el Deutsches Worterbuch,
> que Jacob y Wilhelm Grimm comenzaron en el año 1854 y se concluyó
> en 1971. Tiene 34 519 páginas distribuidas en 33 volúmenes.

1 Usa la información del periódico para resolver lo siguiente.

- Reúnete en equipo y dibujen en el patio el contorno del libro más grande del mundo con las medidas reales.

- Más o menos, ¿cuántos libros como el que estás leyendo en este momento se necesitarían para cubrir una pasta del Super libro?

- ¿Cuánto mide el perímetro de la pasta del libro más grande del mundo?

- El peso del Super libro es 252.6 kilogramos. Recuerda que 1 kg = 1 000 g. Entonces el peso del Super libro es: 252 kilogramos más   gramos.

2 Dibuja adentro del círculo el contorno del libro más pequeño que se ha puesto a la venta.

Este libro de matemáticas pesa más o menos 500 gramos ¿Cuántos libros como el *Old King Cole* se necesitarían para aproximarse al peso de este libro?
Completa: El libro más pequeño que se ha puesto a la venta pesa 2 gramos, o bien, $\frac{}{1\ 000}$ de kg, o bien 0.002 kg.

3 ¿Cuántos años se tardaron en hacer el diccionario más grande del mundo?

Este libro tiene más o menos 200 páginas, ¿cuántos libros como éste se necesitarían para aproximarse al número de páginas del diccionario más grande del mundo?

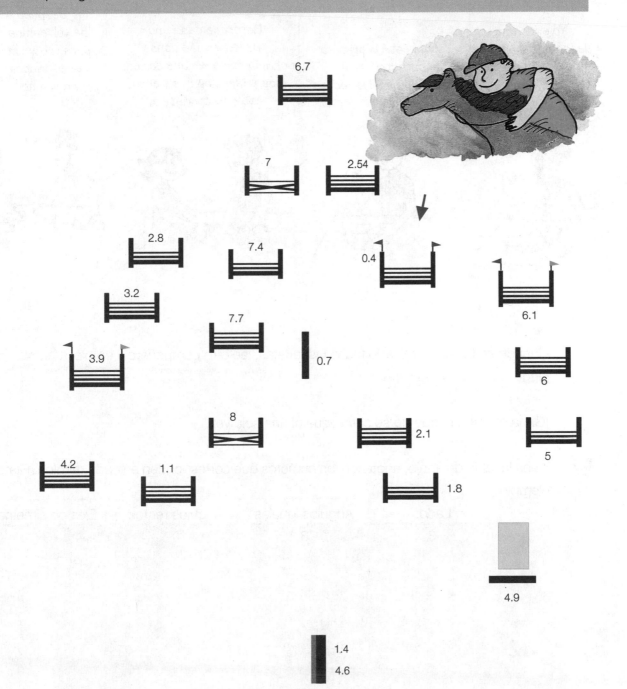

Compara la ruta que trazaste con las de otros compañeros.

7. DI CÓMO ES

Ramón y sus compañeros van a jugar como
en la lección "De cuatro lados", pero ahora con figuras de tres lados.

1 Recorta las tarjetas del material recortable 17 y juega en equipo. Fíjate cómo juegan Ramón y sus compañeros:

Yo saco una de las tarjetas y leo una característica de los triángulos.

¡Aquí está la primera característica: "No tiene ángulos rectos"!

Entonces cada uno de los demás pone sobre la mesa sin que se vean, los triángulos que tienen esa característica.

¡Y después las volteamos para ver quién se equivocó y quién no!

Cuando se hayan terminado todas las tarjetas, lee otro compañero y empieza nuevamente el juego.

¡Gana el juego el que no se equivoque ni una sola vez!

2 Llena la tabla de abajo, anotando los números que corresponden en cada renglón. Fíjate en el ejemplo.

	Lados	Ángulos iguales	Ángulos rectos	Ejes de simetría
▲	3	3	0	3
▼				
◣				
◤				
◹				

3 Esta es una descripción del triángulo equilátero: 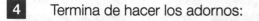 Tiene 3 lados iguales, 3 ángulos iguales

y 3 ejes de simetría.

Escoge un triángulo que aparezca en esta página y descríbelo:

4 Termina de hacer los adornos:

Haz una descripción de uno de los triángulos rojos:

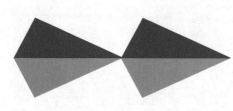

Recuerda.

3 ejes de
simetría

triángulo
equilátero

1 eje de
simetría

triángulos
isósceles

No tienen ejes de simetría

triángulos
escalenos

8. LOS QUELITES

En el grupo de Flor se preparan para la convivencia de fin de curso, algunos niños prefieren las verduras comestibles.

1 En las siguientes fotografías se muestran algunas de las principales verduras que hay en México.

Fotografías: Santiago Tassier

¿Qué verduras hay en el lugar donde vives?

¿Cuáles has probado?

2 Las siguientes recetas están hechas a base de verduras. Encuentra las cantidades necesarias para 3 raciones y para 12 raciones.

VERDOLAGAS CON QUESO			
Ingredientes	6 raciones	3 raciones	12 raciones
Verdolagas	$\frac{1}{2}$ kg		
Queso Chihuahua	$\frac{1}{4}$ kg		
Tomate verde	$\frac{1}{2}$ kg		
Cebolla	1 pieza		

TACOS DE QUELITE			
Ingredientes	6 raciones	3 raciones	12 raciones
Acelgas	250 gramos		
Agua	$\frac{1}{2}$ taza		
Jugo de limón	$\frac{1}{2}$ taza		
Ajonjolí tostado	$\frac{3}{4}$ de taza		
Hoja de aguacate	1		
Chile verde	al gusto		
Aguacate	2 piezas		
Tortillas	12 piezas		

ENSALADA VERDE			
Ingredientes	6 raciones	3 raciones	12 raciones
Lechuga	1 pieza		
Berros	$\frac{1}{2}$ kg		
Perejil	2 ramitas		
Ajo	1 diente		
Apio	4 ramas		
Queso panela	$\frac{1}{4}$ de kg		
Aguacate	1 pieza		
Aceite de oliva	$\frac{1}{3}$ de taza		
Consomé de pollo	1 cucharada		
Limón	1 pieza		

3 La siguiente tabla muestra el valor nutritivo de una receta. Comprueba si las sumas en las columnas de calorías, proteínas y fibras son correctas. Si son incorrectas escribe a un lado el resultado correcto

ENSALADA DE BERROS (1 RACIÓN)					
Alimento	Peso bruto	Peso neto	Calorías	Proteínas	Fibras
Queso fresco	42 g	42 g	53	6.4 g	0.0 g
Berros	83 g	68 g	18	2.4 g	0.2 g
Cebolla	17 g	15 g	6	0.2 g	0.1 g
Limón	35 g	21 g	6	0.2 g	0.0 g
Aguacate	83 g	44 g	63	0.7 g	0.9 g
Aceite de oliva	1 g	1 g	9	0.0 g	0.0 g
TOTAL			153	9.9 g	1.2 g

¿Por qué crees que el peso bruto y el peso neto son iguales en algunos alimentos y en otros no? Coméntalo con tus compañeros y tu maestro.

4 En la siguiente tabla, calcula las sumas en las columnas de calorías, proteínas y fibra.

VERDOLAGAS CON QUESO (1 RACIÓN)					
Alimento	Peso bruto	Peso neto	Calorías	Proteínas	Fibras
Verdolagas	83 g	68 g	18	1.5 g	2.0 g
Queso Chihuahua	42 g	42 g	192	12.1 g	0.0 g
Tomate	83 g	71 g	17	0.7 g	0.5 g
Cebolla	17 g	15 g	6	0.2 g	0.1 g
TOTAL					

¿Qué tiene más proteínas, una ración de ensalada de berros o una de verdolagas con queso?

9. FRUTAS Y VERDURAS

Además de verduras, los compañeros de Flor piensan comprar algunas frutas para la convivencia.

1 Observa los dibujos de esta página y de la que sigue y contesta las preguntas. En cada dibujo están anotados los nutrientes que hay en 100 gramos de alimento. Por ejemplo, 100 gramos de papa proporcionan al organismo 76 calorías.

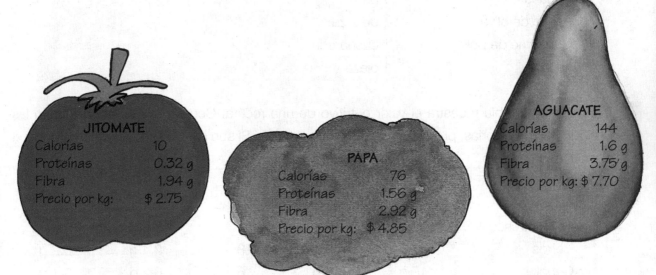

JITOMATE
Calorías	10
Proteínas	0.32 g
Fibra	1.94 g
Precio por kg:	$ 2.75

PAPA
Calorías	76
Proteínas	1.56 g
Fibra	2.92 g
Precio por kg:	$ 4.85

AGUACATE
Calorías	144
Proteínas	1.6 g
Fibra	3.75 g
Precio por kg:	$ 7.70

¿Cuál de las verduras proporciona más calorías?

¿Cuál de las frutas contiene más fibra?

¿Cuál contiene más proteínas, la papa o el aguacate?

Juan consumió 100 gramos de manzana y 100 gramos de aguacate. Ayúdale a encontrar las cantidades de nutrientes que consumió.

CALORÍAS	PROTEÍNAS	FIBRA
58	0.22	3.1
+ 144	+ 1.6	+ 3.75

2 Observa los precios de las verduras y de las frutas para que puedas resolver lo siguiente.

¿Cuál de las frutas es más barata?

¿Cuál de las verduras es más cara?

¿Cuánto se tendría que pagar por 1 kilo de manzana y 2 kilos de tuna?

¿Cuánto se tendría que pagar por 1 kilo de papa, 1 kilo de aguacate y 1 kilo de jitomate?

¿Cuánto costarían 3 kilos de jitomate?

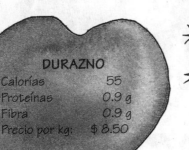

DURAZNO
Calorías 55
Proteínas 0.9 g
Fibra 0.9 g
Precio por kg: $ 8.50

TUNA
Calorías 37
Proteínas 0.22 g
Fibra 6.09 g
Precio por kg: $ 1.50

MANZANA
Calorías 58
Proteínas 0.22 g
Fibra 3.1 g
Precio por kg: $ 7.95

3 La mamá de Juan compró 1 kilo de fruta y 1 kilo de verdura, en total gastó $ 10.70 , es decir, 10 pesos más 70 centavos. ¿Cuál fruta y cuál verdura compró?

4 La mamá de Carmen compró 2 kilos de durazno y 1 kilo de tuna, pagó con un billete de $ 20.00. ¿Cuánto le devolvieron de cambio?

5 Inventa un problema que se resuelva con las siguientes operaciones y anótalo.

```
   4.85          20.00
 + 2.75        - 15.55
   7.95           4.45
 ------
  15.55
```

Problema:

Practica:
```
   2.25          3.05         14.53
 + 0.3         + 6.24        - 8.27
 ------        ------
   8.07         12.6
```

$\frac{4}{10} + \frac{5}{10} =$

$\frac{9}{10} - \frac{5}{10} =$

$0.27 + 2.08 + 5.4 =$

10. ALFOMBRAS DE FLORES

La prima de Flor contó que en Huamantla hay una feria donde cubren el piso con flores. El tío de Flor hizo unas alfombras de flores como las de la ilustración.

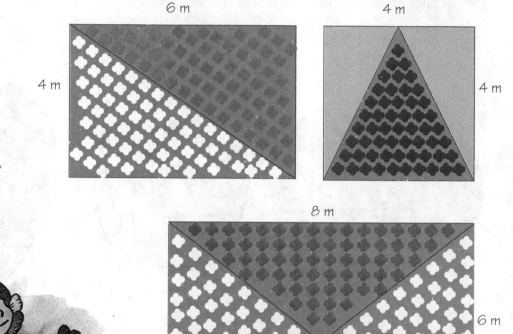

1 Reúnete con un compañero y respondan las siguientes preguntas. Para hacerlo, tomen en cuenta que las medidas están anotadas en metros.

¿Cuántos metros cuadrados cubrió de flores blancas el tío de Flor ?

¿Cuántos metros cuadrados cubrió de flores lilas?

2 Respondan las siguientes preguntas. Utilicen el procedimiento que quieran.

¿Cuántos metros cuadrados cubrió de flores rojas el tío de Flor?

¿Cuántos metros cuadrados cubrió de flores amarillas?

¿Cuántos metros cuadrados cubrió de flores anaranjadas?

Comparen sus respuestas con las de otros compañeros.

3 Observen lo que dijeron Flor y Rosa, luego coméntenlo.

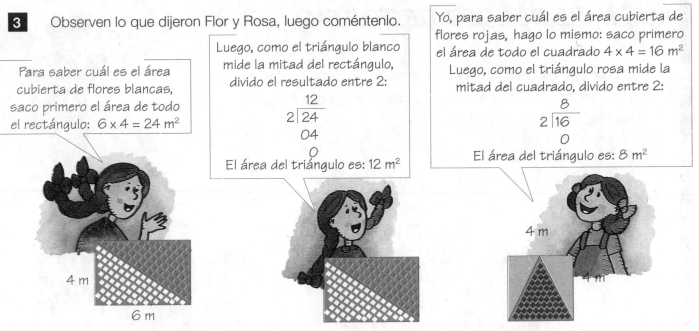

Para saber cuál es el área cubierta de flores blancas, saco primero el área de todo el rectángulo: 6 × 4 = 24 m²

Luego, como el triángulo blanco mide la mitad del rectángulo, divido el resultado entre 2:

$$2\overline{)24}$$ 12 04 0

El área del triángulo es: 12 m²

Yo, para saber cuál es el área cubierta de flores rojas, hago lo mismo: saco primero el área de todo el cuadrado 4 × 4 = 16 m²
Luego, como el triángulo rosa mide la mitad del cuadrado, divido entre 2:

$$2\overline{)16}$$ 8 0

El área del triángulo es: 8 m²

Utilicen el procedimiento de Flor y Rosa para calcular cuántos metros cuadrados cubrieron con cada color en la siguiente alfombra. Tomen en cuenta que las medidas están anotadas en metros.

	m²
	m²
	m²
	m²
	m²

4 ¿En cuál alfombra se usarían más flores en total, en la de arriba o en la siguiente?

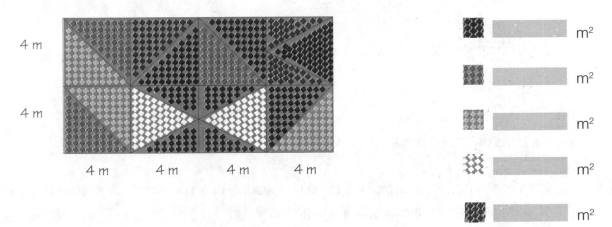

Recuerda:

Para calcular el área de un triángulo podemos multiplicar la medida de la base por la altura y dividir el resultado entre dos.

11. EL PUESTO DE TORTAS

Cerca de la escuela, doña Lucha tiene un puesto de tortas. En
el puesto hay letreros para que la gente no tenga que preguntar
los precios.

Tortas	
Milanesa	$ 4.00
Pierna	$ 3.00
Cubana	$ 6.00
Salchicha	$ 2.00
Chorizo	$ 2.50
Jamón	$ 2.50
Huevo	$ 2.50
Especial	$ 5.00
Hamburguesa	$ 3.50

Bebidas y postres	
Licuados	$ 3.50
Jugos	$ 2.00
Aguas frescas	$ 1.50
Refrescos	$ 1.00
Fresas con crema	$ 2.50
Flan	$ 3.00
Gelatina	$ 0.50

Observa las listas de precios para que puedas resolver los siguientes problemas.

1 Juan se comió una torta de pierna y tomó un licuado. Ramón se comió dos tortas de jamón y tomó un vaso de agua fresca. ¿Quién pagó más?

2 Sonia quiere comprar unas fresas con crema, un flan y tres gelatinas, ¿crees que le alcance para pagar con $ 8.00?

3 Jaime tiene $ 5.00 para comprar algo de comer y algo de beber. ¿Qué puede comprar para que no le falte ni le sobre dinero?

4 Raúl pagó $ 4.00 por una bebida y un postre. ¿Cuál bebida y cuál postre crees que compró?

Compara tus respuestas con las de otros compañeros.

5 El papá de Yoatzin y de Sonia las llevó al puesto de doña Lucha. Cada uno comió una torta y tomó un refresco. El papá de Yoatzin pagó una cuenta de $12.00. ¿Cuál torta crees que comió cada quién?

Papá:

Yoatzin:

Sonia:

6 Yoatzin, Sonia y Juan se pusieron de acuerdo para ir al puesto de doña Lucha, esta vez cada quien pagó su cuenta. Observa lo que pagó cada uno.

Cuenta de Juan	Cuenta de Yoatzin	Cuenta de Sonia
3.00	2.50	3.50
+ 2.00	+ 1.50	1.50
1.50	0.50	+ 1.50
		1.00

Resuelve las operaciones para que sepas cuánto pagó cada uno.

¿Cuánto pagaron entre los tres niños?

Cada niño pagó con una moneda. A uno le devolvieron $ 0.50 de cambio, a otro le devolvieron $ 2.50 y a otro $ 3.50 ¿Con qué moneda pagó cada niño?

Juan:

 Yoatzin:

Sonia:

7 Doña Lucha tiene varios clientes que le piden tortas, bebidas o postres para llevar. Doña Lucha mete los encargos dentro de una bolsa y a cada bolsa le pone una etiqueta con el nombre del cliente y la cuenta. Anota lo que puede haber dentro de cada bolsa.

RUBÉN
$ 16.00

1 TORTA CUBANA

1 TORTA ESPECIAL

1 DE SALCHICHA

3 REFRESCOS

CARLOS $ 9.50

HILDA
$ 11.00

12. CONSTRUIMOS POLIEDROS

Rosa y Ramón van a hacer las caras que se necesitan para construir unos poliedros. Con las caras, Flor y Juan van a armar los poliedros.

1 Ayuda a los niños. Anota las caras que se necesitan para construir los siguientes poliedros, fíjate en el ejemplo:

3 caras iguales en forma de rectángulo y 2 caras iguales en forma de triángulo

2 Ramón, Flor y Juan querían hacer una pirámide, colocaron las caras así:

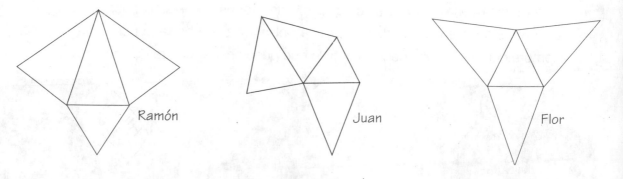

Ramón   Juan   Flor

¿Quién o quiénes crees que sí pudieron armar su pirámide?

3 Comprueba tu respuesta, arma la pirámide con el material verde del material recortable 18.

4 Utiliza el material azul del material recortable 18 y arma un prisma como el de la ilustración. Acomoda las caras como tú creas que deben ir.

Antes de cerrar tu prisma, dibuja en tu cuaderno la forma en que colocaste las caras.

5 ¡Un sólido raro!

Comenta con tus compañeros:

¿Crees que se puede armar un sólido con esta plantilla? De ser así, ¿cómo sería ese sólido?

Imagínalo y modélalo en barro o plastilina.

6 Utiliza la plantilla amarilla del material recortable 18 e intenta armar el sólido.

¿Es como lo imaginaste?

Coméntalo con tus compañeros.

13. LA CIUDAD DE LOS TESOROS

En una ciudad antigua hay cuatro tesoros escondidos en puntos diferentes. Para encontrar los tesoros se tiene un plano incompleto de la ciudad. Sólo se ven las dos calles principales y un punto con esta clave: (4,2)

Observa el plano de la ciudad.

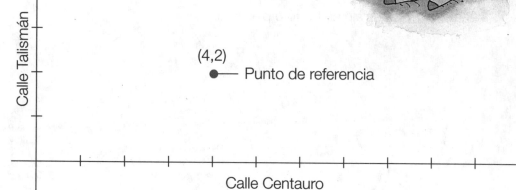

El primer número de la clave indica cuántas cuadras hay del punto a la calle Talismán.

El segundo número de la clave indica cuántas cuadras hay del punto a la calle Centauro.

También se sabe que en esta ciudad todas las cuadras tienen la misma medida.

Las claves para encontrar los cuatro tesoros son las siguientes:

Tesoro A: (3,1)   Tesoro B: (4,1)

Tesoro C: (5,3)   Tesoro D: (3,5)

1   Traza en el plano de la ciudad las calles verticales y horizontales.

2   Marca en el plano, los puntos donde se localizan los tesoros.

3   ¿Cuántas calles hay de donde está el tesoro C a la calle Talismán?

4   ¿Cuántas calles hay de donde está el tesoro D a la calle Talismán?

5   ¿Es cierto que los tesoros C y D están en el mismo punto?

6   ¿Es cierto que los tesoros A y C están a la misma distancia de la calle Centauro?

7 Reúnete con un compañero y utilicen el dibujo de abajo para realizar el siguiente juego.

- El que inicia el juego, marca en su plano cinco puntos sin que el otro los vea.
- El mismo que marcó los puntos dice las claves al otro jugador.
- Con ayuda de las claves, el otro jugador marca los puntos en su plano.
- Se comparan los planos para ver si los dos jugadores marcaron los mismos puntos.
- En el siguiente turno le toca al otro jugador marcar los puntos y decir las claves.

8 Anota la clave que corresponde a cada uno de los puntos marcados en el siguiente plano.

Punto A: 　　　　　　Punto B: 　　　　　　Punto C:

Punto D: 　　　　　　Punto E: 　　　　　　Punto F:

Punto G: 　　　　　　Punto H: 　　　　　　Punto I:

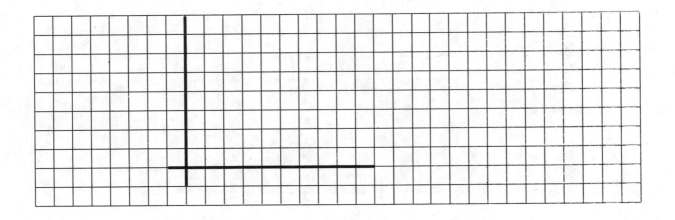

9 Une los puntos con líneas rectas y en orden alfabético. ¿Qué figura resultó?

14. LECCIÓN DE REPASO

1 En una sala de cine hay 100 asientos. La entrada para adultos cuesta $ 10.00 y para niños cuesta $ 6.00. ¿Cuánto dinero se reunió en una función en la cual la sala estaba llena y había 63 niños?

2 Completa las siguientes recetas.

ENSALADA DE ATÚN			
Ingredientes	4 raciones	8 raciones	2 raciones
Atún	1 lata		
Cebolla picada	$\frac{1}{4}$ de taza		
Mayonesa	$\frac{1}{2}$ taza		
Sal	al gusto		
Jitomate	2		

3 Anota por lo menos tres características de la siguiente figura.

Primera:

Segunda:

Tercera:

Cuarta:

Nombre de la figura:

4 En una fábrica hacen bicicletas de tres tamaños: chicas, medianas y grandes. Cada bicicleta la pintan de un solo color: rojo, verde, azul o negro.

¿Cuántas bicicletas diferentes puede producir la fábrica?

5 Anota por lo menos tres características de la siguiente figura.

Primera:

Segunda:

Tercera:

Cuarta:

Nombre de la figura:

6 Calcula la cantidad que se gastó en total en la siguiente compra. En el primer renglón se ve que se compraron 4 latas de atún y cada una costó $ 2.30

Cantidad	Producto	Precio unitario	Importe total
4	Atún en aceite	$ 2.30	
2	Pan	$ 2.70	
5	Gelatina	$ 1.65	
		Total	$

7 Marca con color el camino que sale del cruce de la calle Juárez y la calle Hidalgo y pasa por los puntos cuyas claves son las siguientes:

A= (4,0)

B= (4,3)

C= (6,3)

D= (6,4)

E= (8,4)

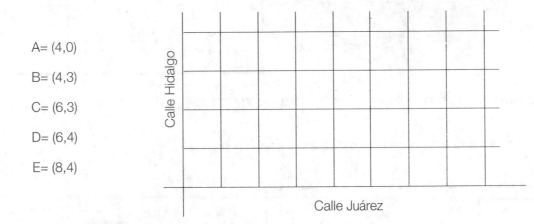

Calle Hidalgo

Calle Juárez

8 Calcula el perímetro y el área de las siguientes figuras.

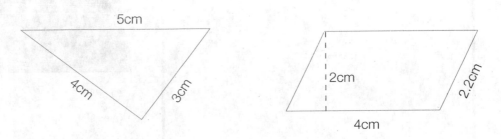

5cm

4cm

3cm

2cm

4cm

2.2cm

9 La bolsa de detergente de la marca "Rendidor" pesa 1.2 kg y cuesta $ 12.00; el de la marca "Sacamanchas" pesa 800 gramos y cuesta $ 7.60. ¿Cuál detergente conviene comprar?

15. JUEGOS Y ACTIVIDADES

1 Utiliza tu compás y reproduce en el espacio
en blanco una flor como la de la ilustración.
Puedes probar y borrar
todas las veces que necesites.

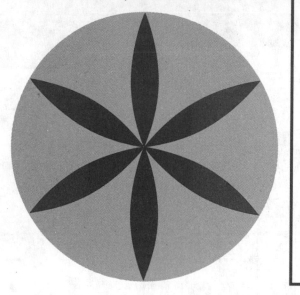

Compara tu flor y tu procedimiento con el de tus compañeros.

2 Reproduce el dibujo de la derecha en el espacio de abajo.

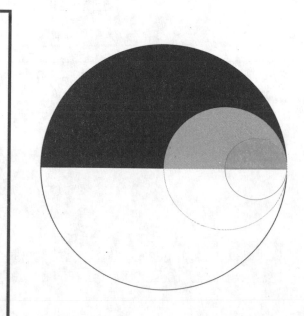

3 Explica a tus compañeros cómo hiciste el dibujo del ejercicio 2.

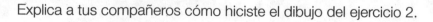

BIBLIOGRAFÍA

Lección 1, Bloque 1. Méndez, Leticia. *El Mercado*.
Libros del Rincón. SEP/Patria. México. 1992.

Lección 3, Bloque 2. *Que lo cante que lo baile*.
Guías de Instrucción y Trabajo Nº 5. CONAFE. México. 1986.

Lección 12, Bloque 2, Atlas pictórico del mundo.
Tormont, Montreal. 1993.

Lección 17, Bloque 3. Ibargüengoitia, Mayte. *El fantasma robatortas*.
Libros del Rincón. SEP/CITESA. México. 1992.

Lección 1, Bloque 4. *Censo de población de 1990*.
INEGI. México. 1990.

Lección 9, Bloque 3. *Preguntas y respuestas*.
Editorial Everest, S.A. España. 1991.

Lección 1, Bloque 5. Tison, Annette y Talus Taylor. *Grandes y pequeños*.
Libros del Rincón. SEP/Mondadori. España. 1992.

Lección 2, Bloque 5. Block, David, et.al. *Juega y aprende matemáticas*.
Libros del Rincón. SEP. México. 1991.

Lección 6, Bloque 5. Buchain, Sonia. "Una polilla en el papel".
Periódico *La Jornada Niños*. México. 1993.

Lección 8, Bloque 5. *Los quelites, un tesoro culinario*.
UNAM/Instituto Nacional de la Nutrición "Salvador Zubirán". México. 1992.

Matemáticas

Cuarto grado

Se imprimió por encargo de la

Comisión Nacional de los Libros de Texto Gratuitos,

en los talleres de Litografía Magno Graf, S.A. de C.V.,

con domicilio en Calle E núm. 6, Parque Industrial Puebla 2000,

C.P. 72270, Puebla, Puebla, el mes de octubre de 1997.

El tiraje fue de 2'584,100 ejemplares

más sobrantes de reposición.

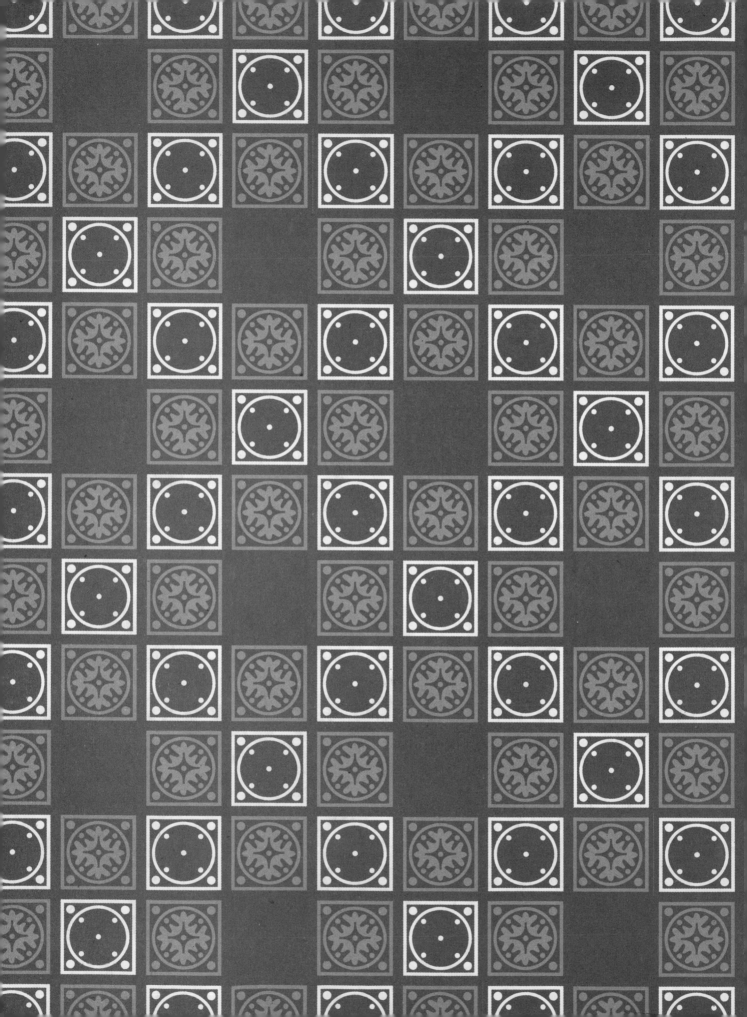

RECORTABLE 1.   ARTESANÍAS

RECORTABLE 11.   BORDADOS Y SIMETRÍA

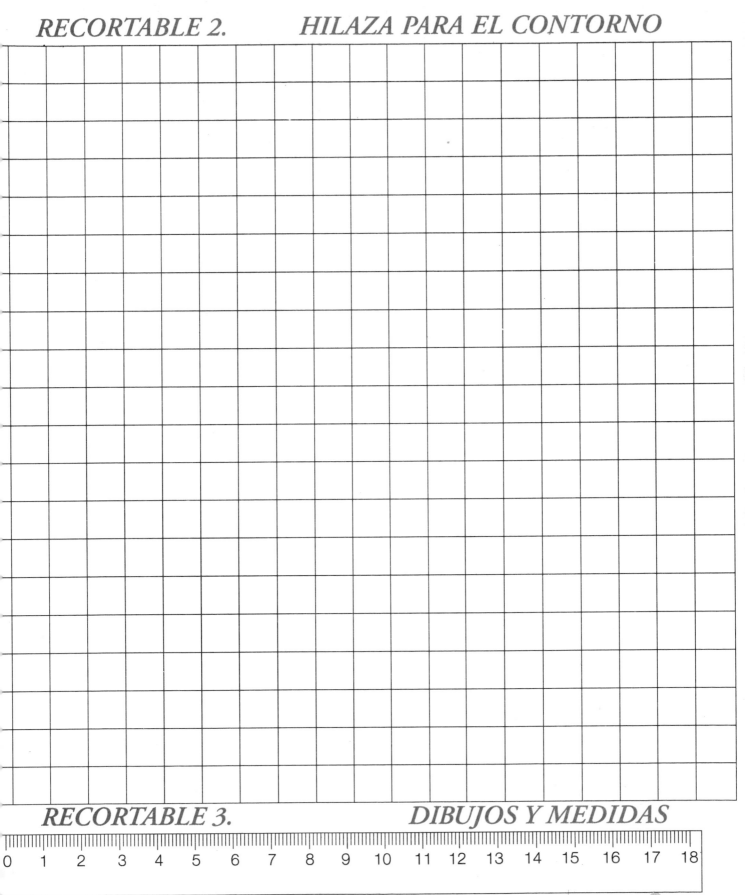

RECORTABLE 3.   DIBUJOS Y MEDIDAS

0 1 2 3 4 5 6 7 8 9 10 11 12 13 14 15 16 17 18

Resultado 17 sobran 19	Resultado 32 sobra 0	Resultado 49 sobran 3
Resultado 5 sobran 7	Resultado 22 sobra 0	Resultado 31 sobran 14
Resultado 93 sobran 15	Resultado 6 sobran 8	Resultado 10 sobran 7
Resultado 1431 sobra 0	Resultado 1509 sobra 0	Resultado 51 sobran 21
Resultado 15 sobran 5	Resultado 16 sobran 21	Resultado 6 sobran 467
Resultado 135 sobran 5	Resultado 127 sobran 14	Resultado 128 sobra 0

RECORTABLE 5.   *EL PESO DE UN PESO*

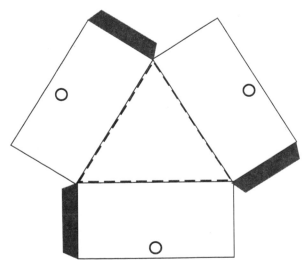

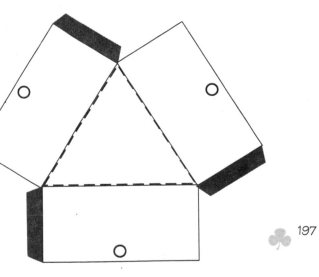

7⟌346	8⟌256	24⟌427
18⟌572	12⟌264	24⟌127
8⟌87	13⟌86	25⟌2340
36⟌1857	3⟌4527	4⟌5724
500⟌3467	50⟌821	25⟌380
15⟌1920	18⟌2300	25⟌3380

RECORTABLE 8.

JUEGOS Y ACTIVIDADES

RECORTABLE 10.
LA PALOMA DE LA PAZ Y
JUEGOS Y ACTIVIDADES

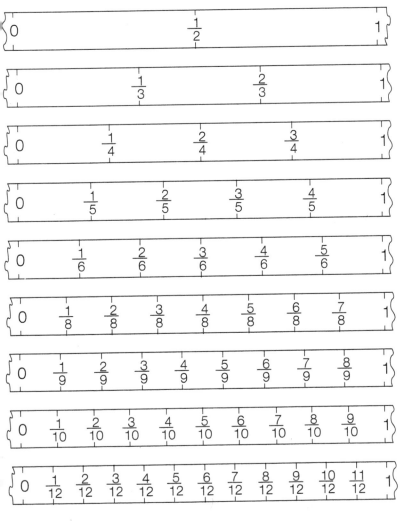

RECORTABLE 9.
EL CAZADOR

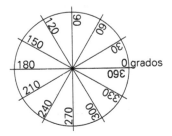

RECORTABLE 7.
LA VUELTA AL MUNDO
Y LECCIÓN DE REPASO

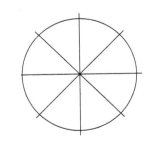

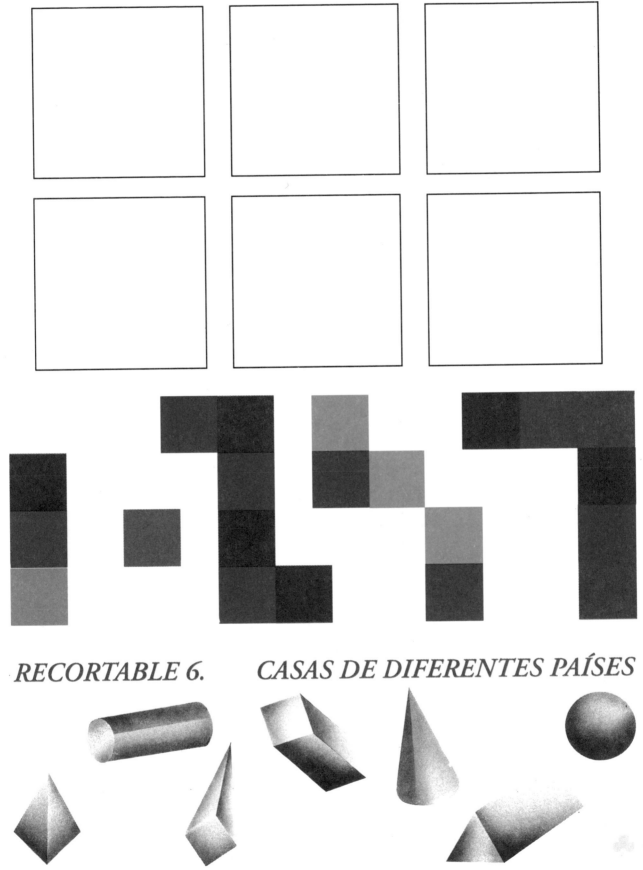

RECORTABLE 6.   *CASAS DE DIFERENTES PAÍSES*

RECORTABLE 14.   JUEGOS Y ACTIVIDADES

RECORTABLE 13.   LA MITAD DE UN RECTÁNGULO

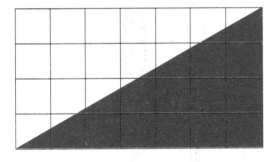

RECORTABLE 16.   PRECIOS Y DECIMALES

RECORTABLE 15.   DE CUATRO LADOS

Cuadrado	Rombo	Rectángulo
Paralelogramo	Trapecio rectángulo	Trapecio
Tiene sólo un par de lados paralelos	Tiene dos pares de lados paralelos	Todos sus lados miden lo mismo
Tiene cuatro ejes de simetría	Tiene dos ejes de simetría	No tiene ejes de simetría
Tiene ángulos que no son rectos	Tiene cuatro ángulos rectos	Sus lados opuestos miden lo mismo

RECORTABLE 17.   DI CÓMO ES

	Tiene tres lados iguales	Tiene tres ángulos iguales
No tiene ángulos rectos	Tiene un ángulo recto	Tiene sólo dos lados iguales
No tiene lados iguales	Tiene un ángulo que mide más de 90 grados	Tiene tres ejes de simetría
Tiene un eje de simetría	No tiene ejes de simetría	

RECORTABLE 18. CONSTRUIMOS POLIEDROS